MANDALAS

Especial navidad

Imágenes: Shutterstock
Primera edición: noviembre de 2025

Realización: Planeta

Av. Diagonal, 662-664, 08034 Barcelona (España)
Libros Cúpula es marca registrada por Editorial Planeta, S. A.
www.planetadelibros.com

ISBN: 978-84-480-4531-9
D. L: B. 15.292-2025

Impresor: Liberdúplex
Impreso en España – *Printed in Spain*

MANDALAS

Especial navidad

LIBROS CÚPULA

¡Bienvenidos a un viaje lleno de magia, color y espíritu navideño!

La Navidad es tiempo de pausa, de magia y de conexión con quienes más queremos. Este libro está pensado como un pequeño refugio creativo en medio del ajetreo festivo: un espacio para relajarte, colorear y expresar todo tu cariño de forma única y personal.

Aquí encontrarás postales para pintar, recortar y regalar. Algunas son mandalas inspirados en la estética navideña, con sus formas simétricas y meditativas; otras son escenas y motivos típicos de estas fechas, pensadas para compartir alegría, gratitud y buenos deseos.

Solo necesitas lápices de colores, un poco de tiempo y muchas ganas de crear. Porque a veces, el mejor regalo es el que nace de tus propias manos.

¡Que cada mandala te acerque un poco más al espíritu festivo y a la alegría de la temporada!

1ª PARTE

Colorear mandalas es una forma sencilla y poderosa de conectar contigo misma y encontrar un momento de calma entre tanto ajetreo. En esta primera parte del libro te ofrecemos una selección de mandalas tradicionales, con sus formas geométricas y repetitivas, pensadas para invitarte a la concentración y la tranquilidad.

Puedes dedicar unos minutos al día a darles color, disfrutando del proceso sin prisas. Luego, si lo deseas, puedes recortarlos y regalarlos como un detalle único, hecho con tus propias manos.

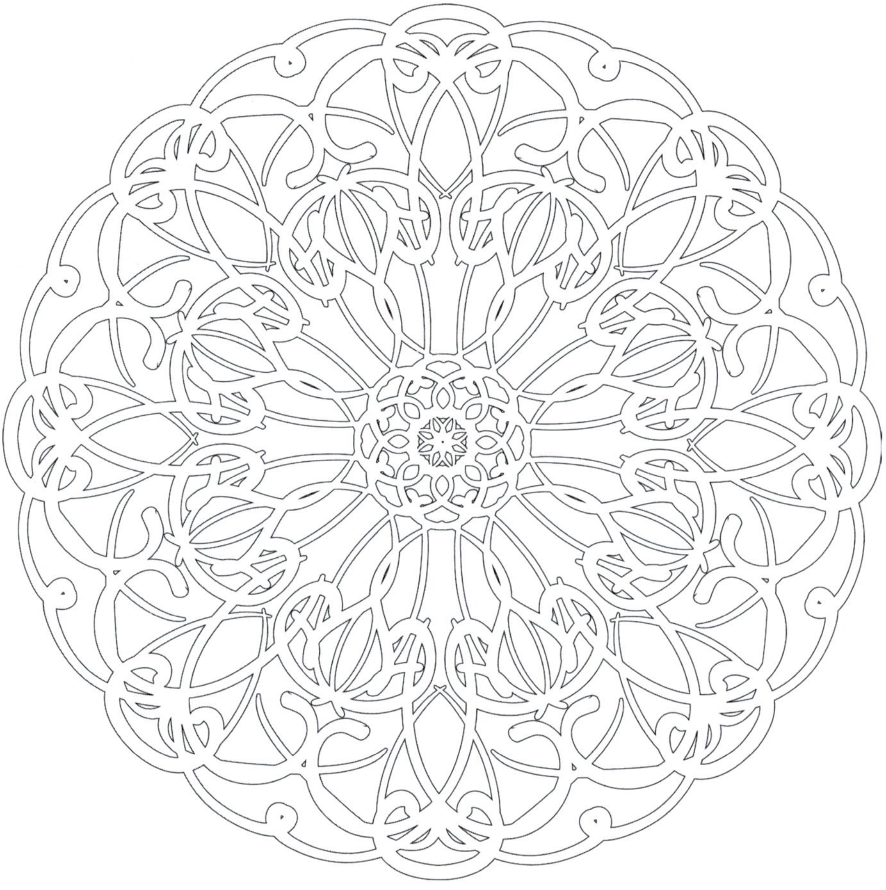

A veces, un pequeño detalle
dice más que mil palabras.

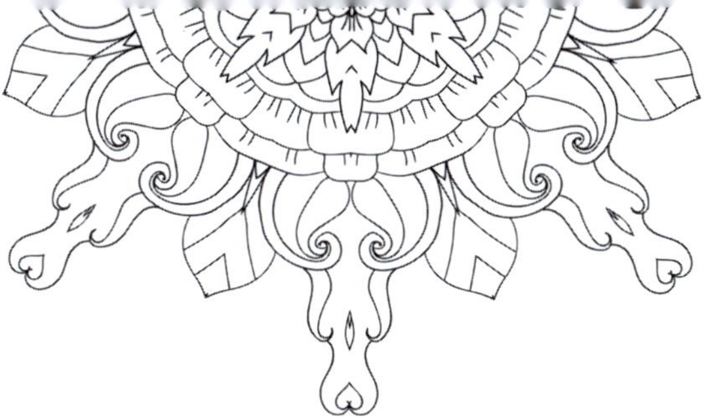

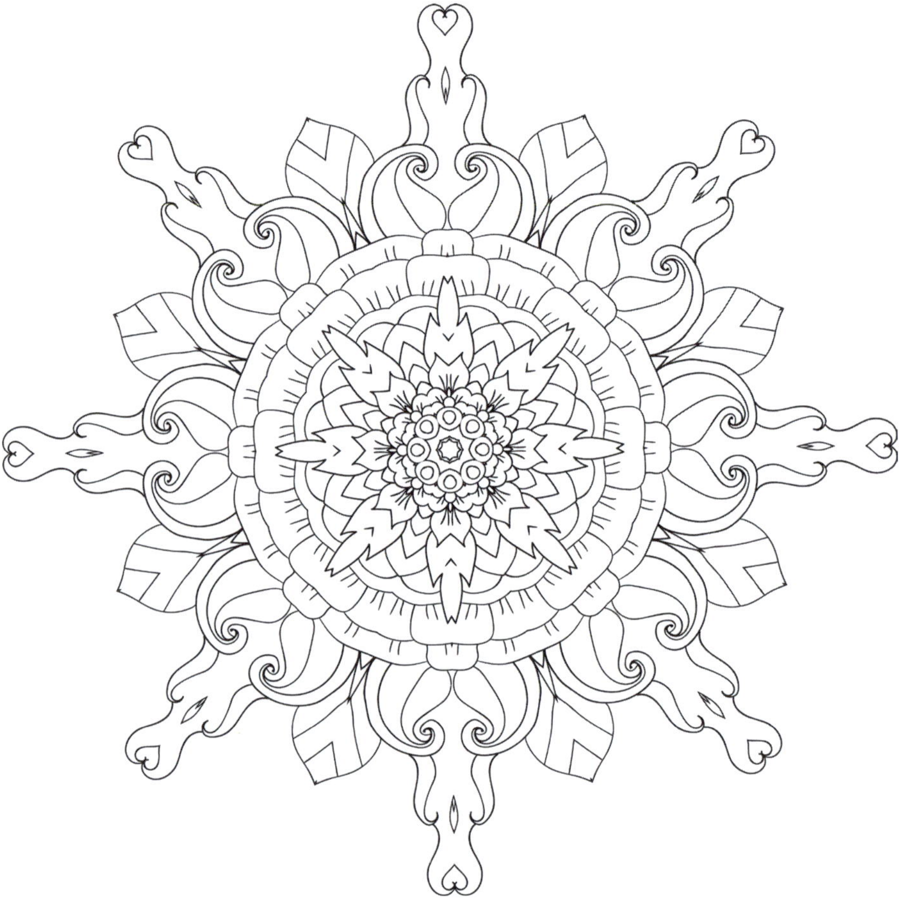

Colorea tu mundo con calma, alegría y amor.

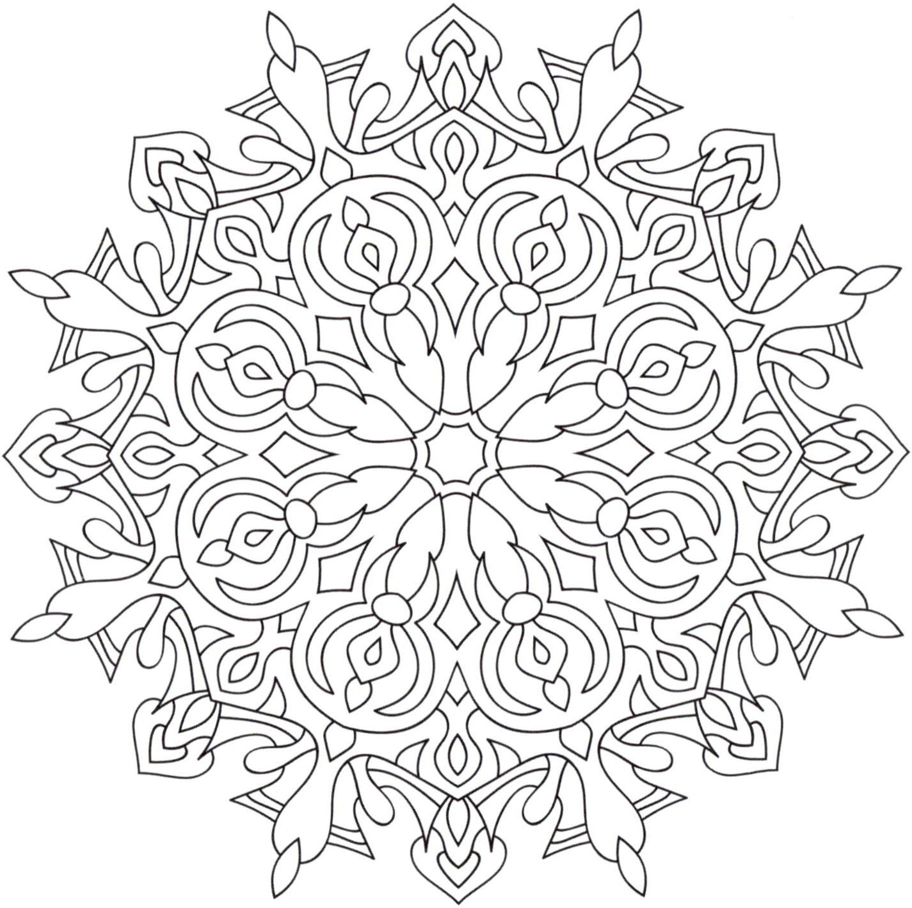

El mejor regalo eres tú, tal y como eres.

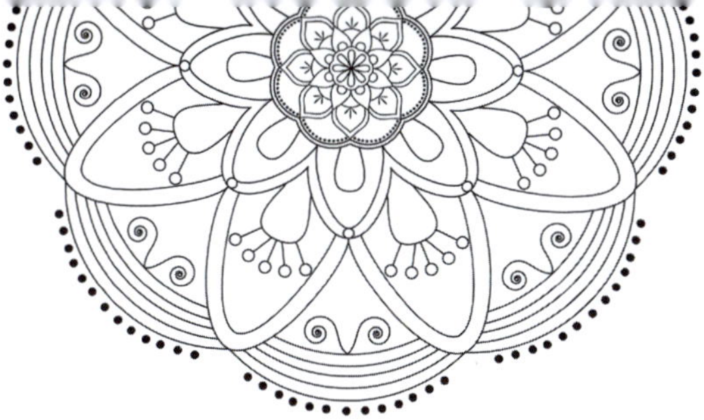

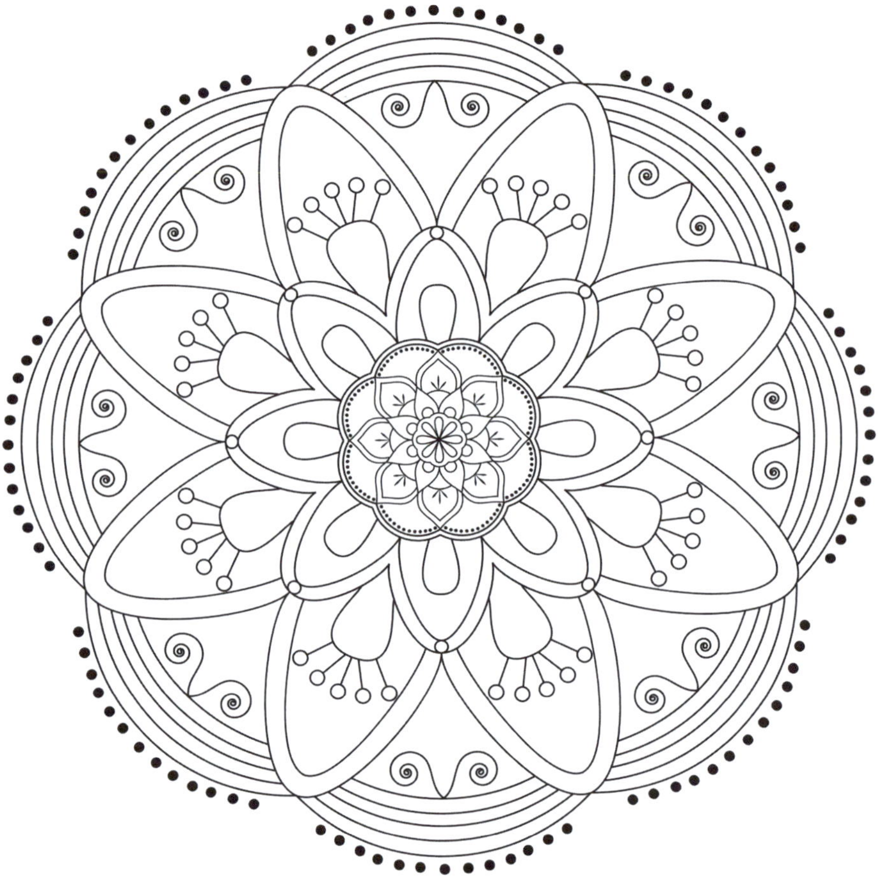

Que tu paz interior sea el mejor
adorno de estas fiestas.

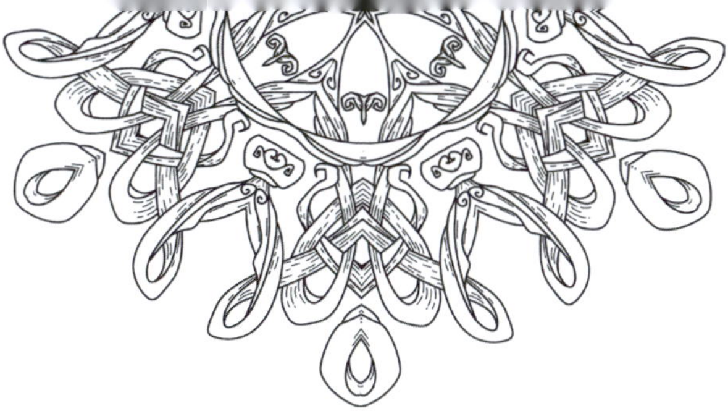

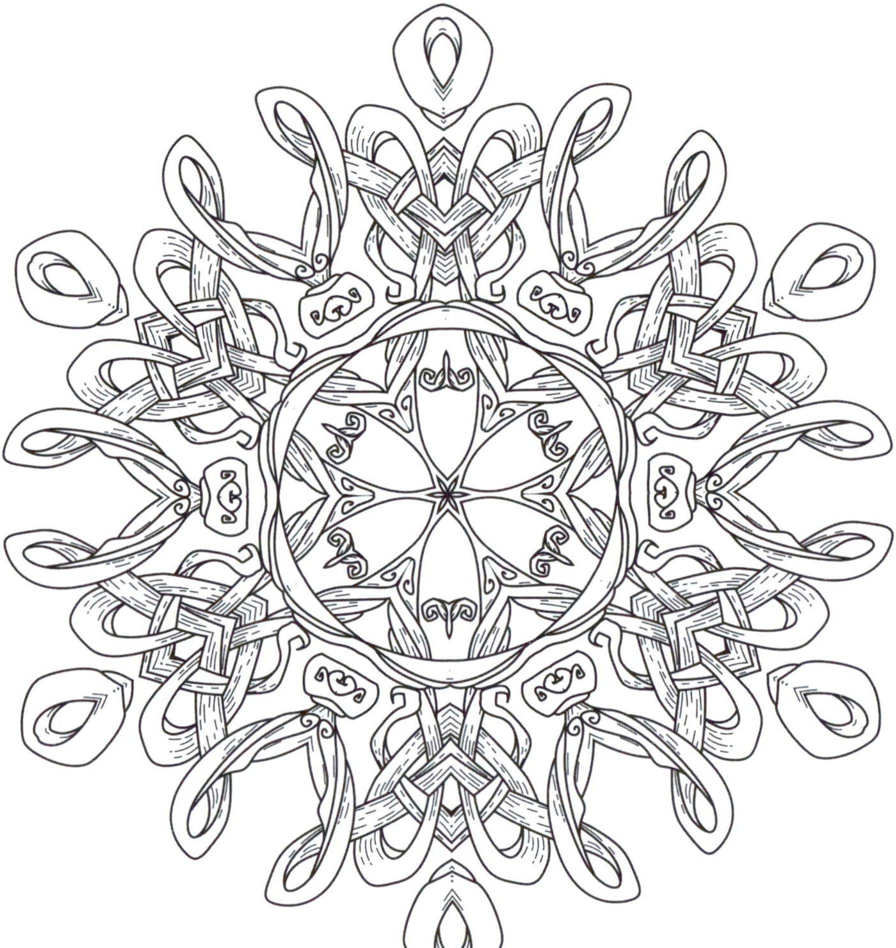

Un mandala para ti, hecho
con intención y cariño.

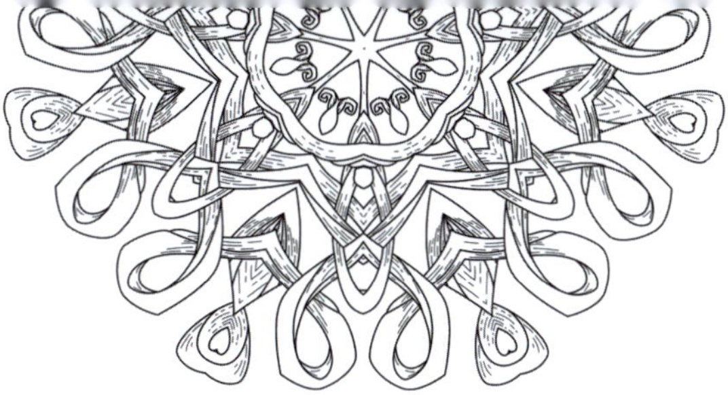

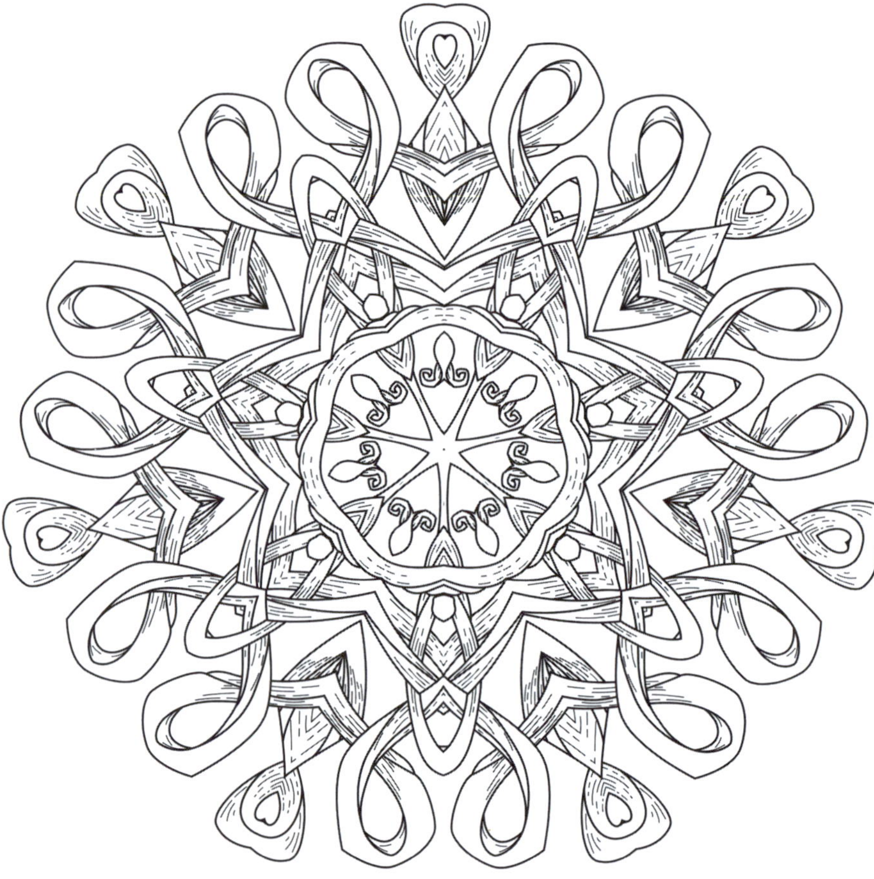

Aquí va un pedacito de mi tiempo, solo para ti.

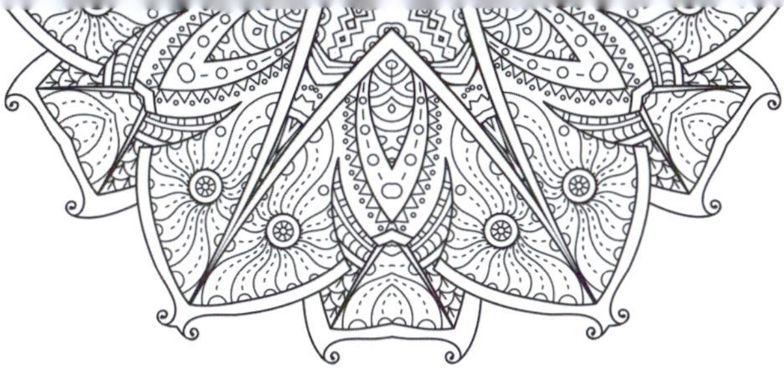

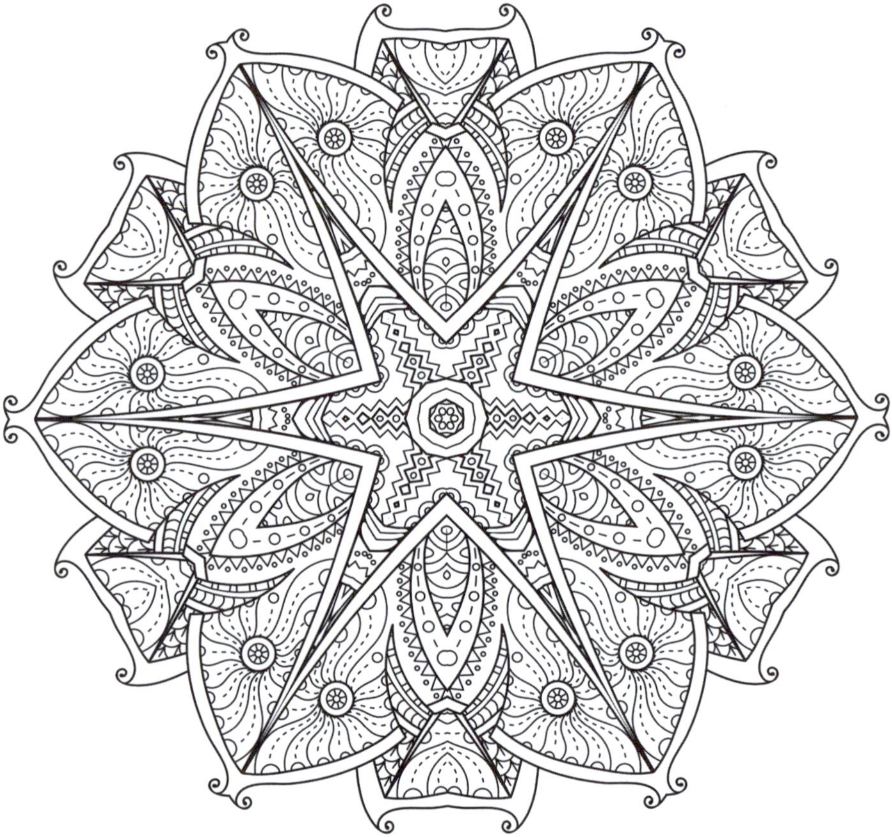

Lo más valioso no se compra:
se crea, se siente, se comparte.

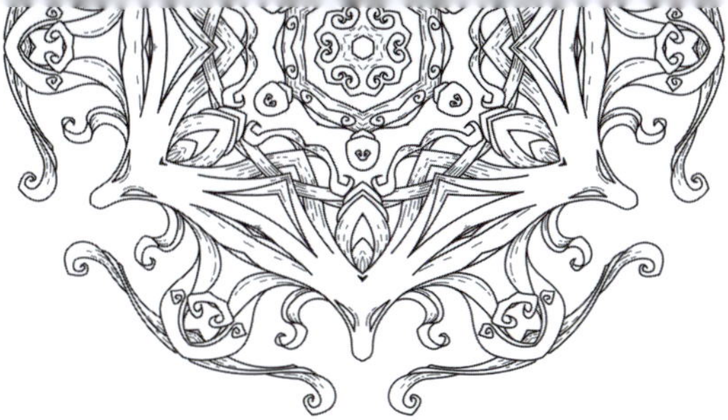

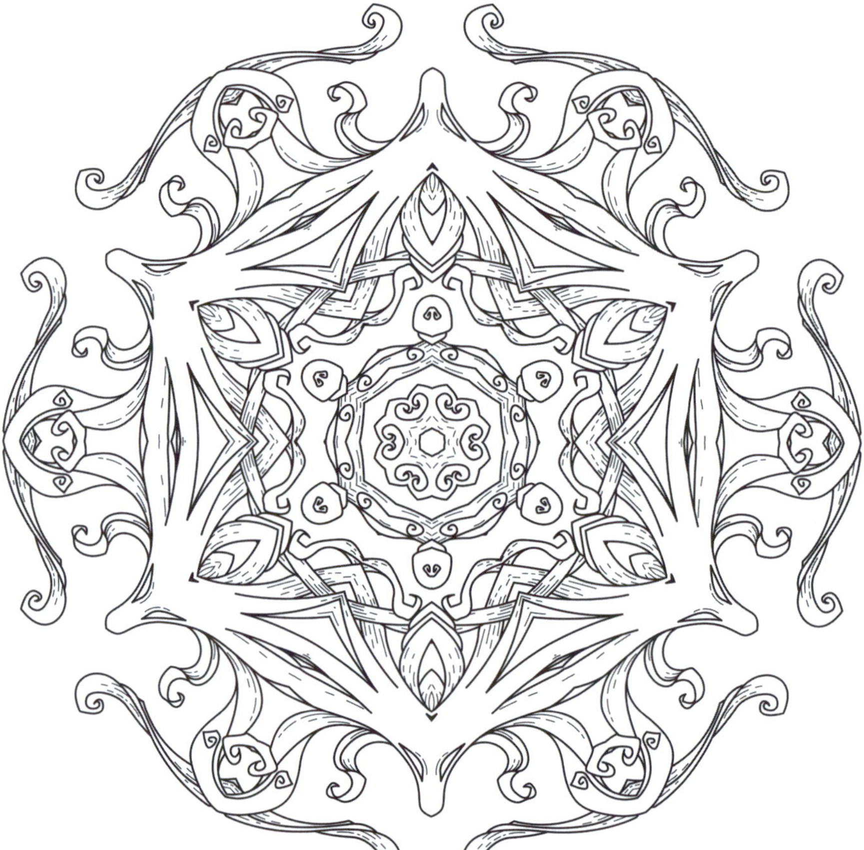

Gracias por estar ahí, siempre.

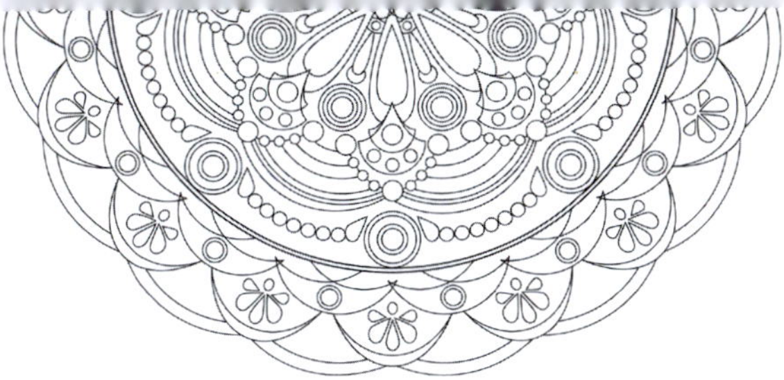

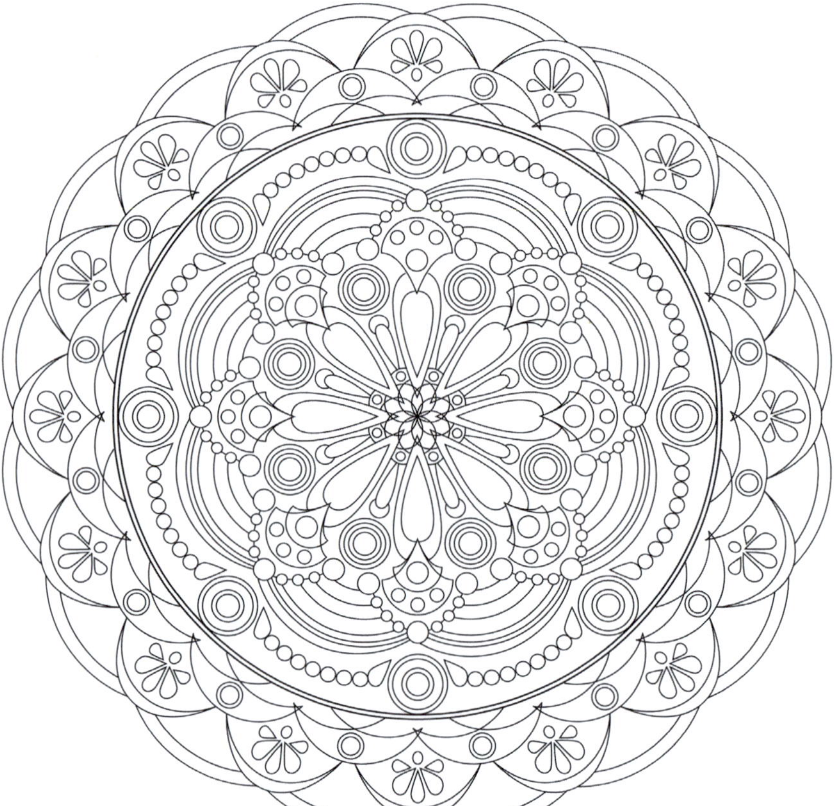

Hoy te deseo lo que más se necesita:
calma, amor y alegría.

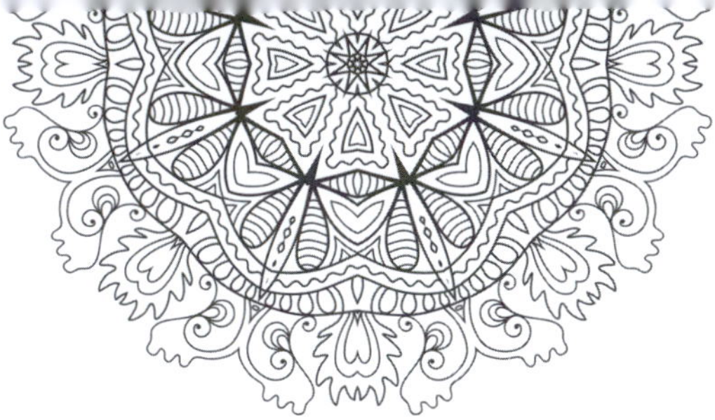

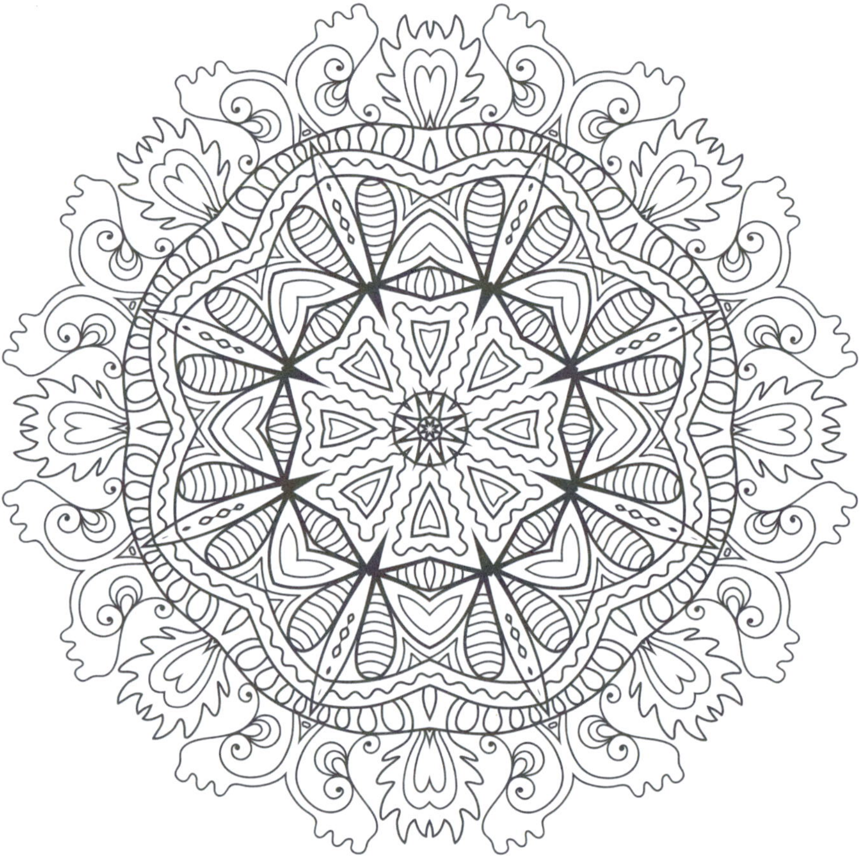

Que cada color que ves aquí
lleve un buen deseo para ti.

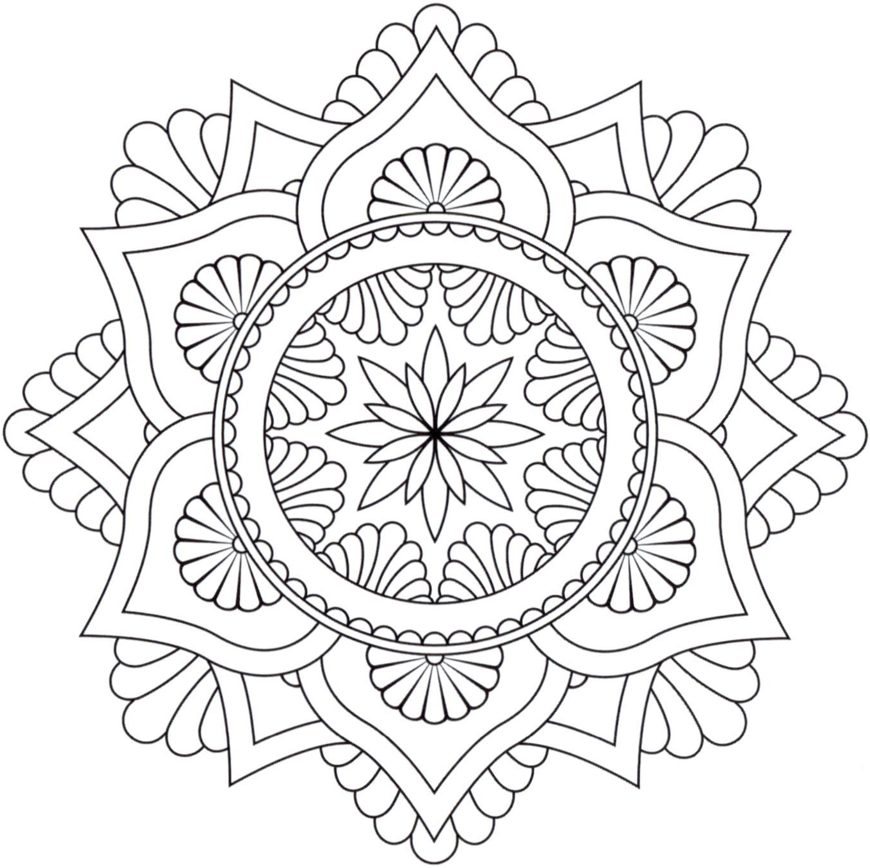

Pintar es mi manera de decir:
me acuerdo de ti.

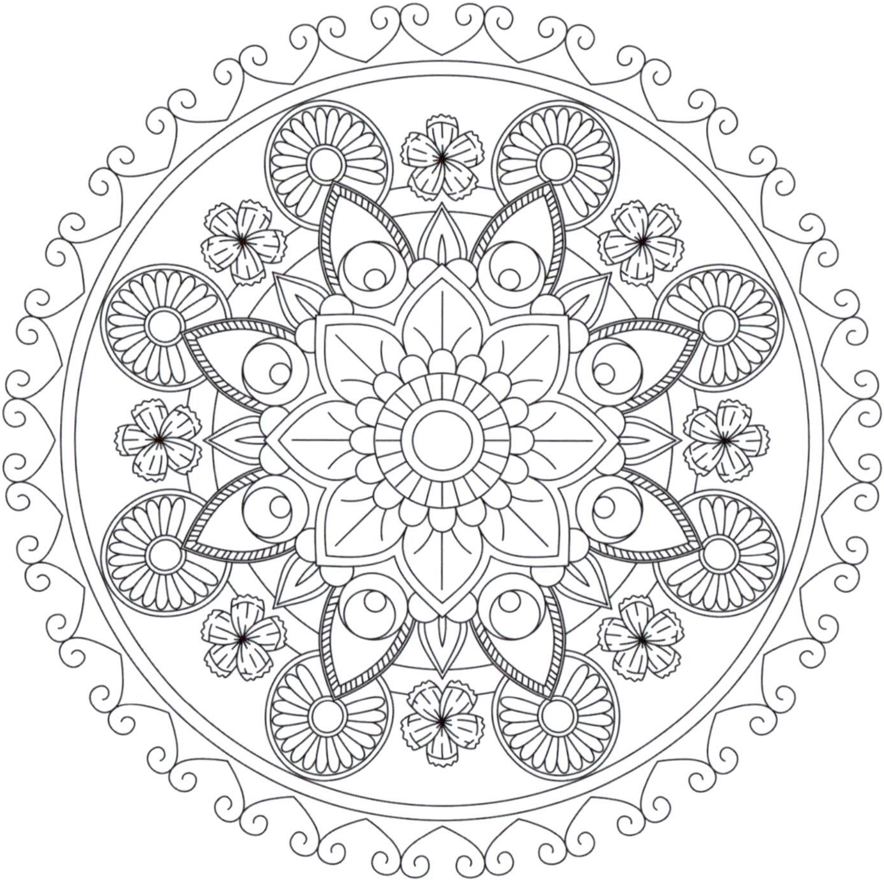

En medio del ruido, te regalo
un instante de silencio y color.

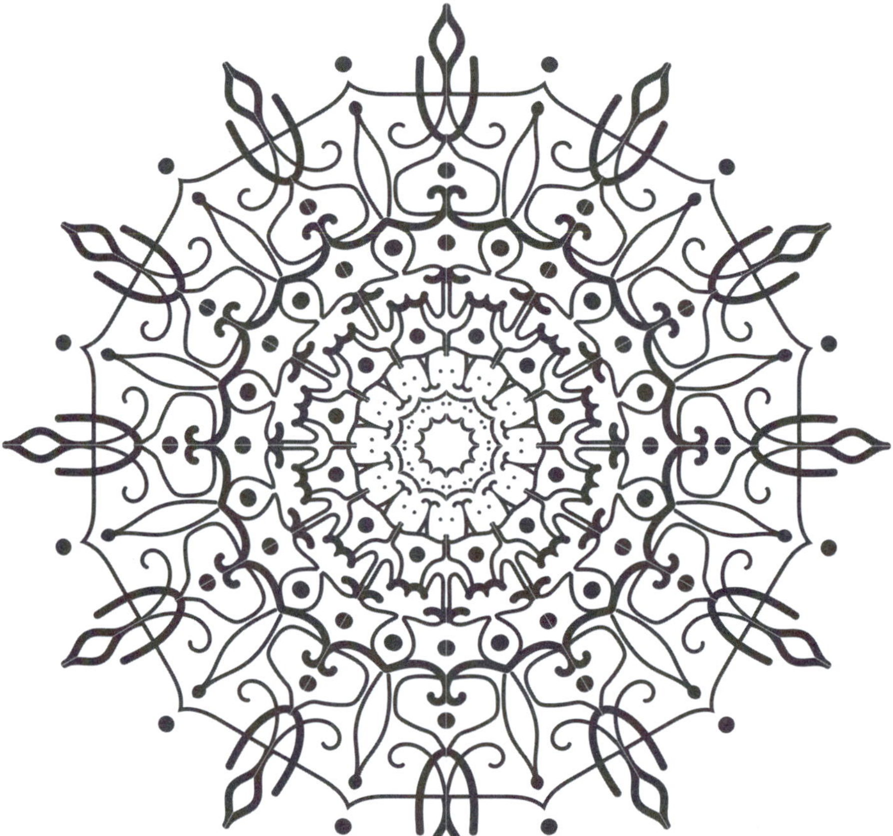

Todo lo que haces con amor, se nota.

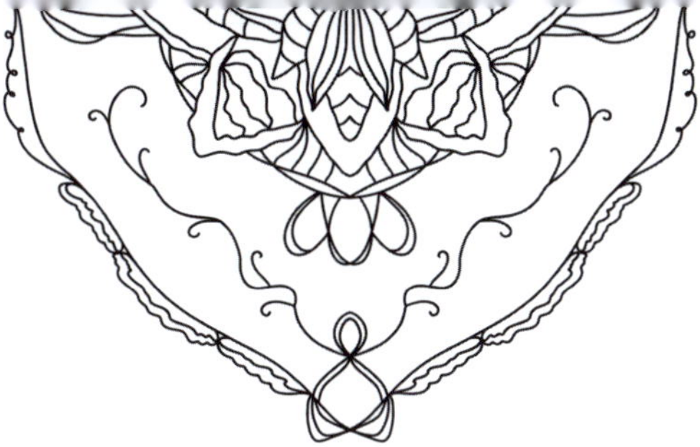

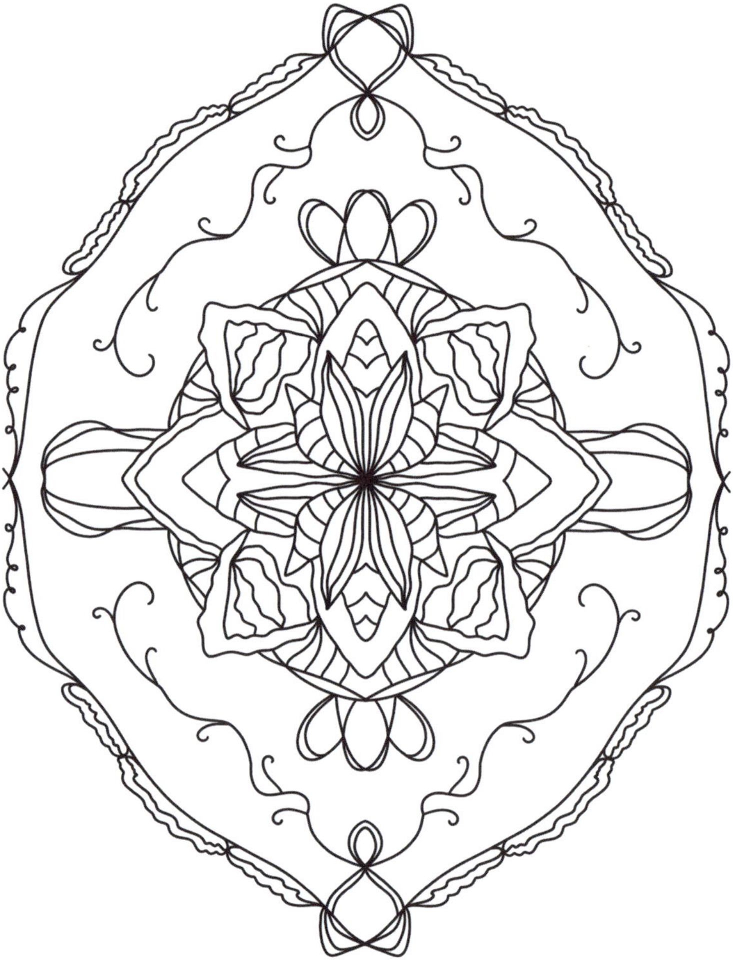

Tu luz brilla más de lo que crees.

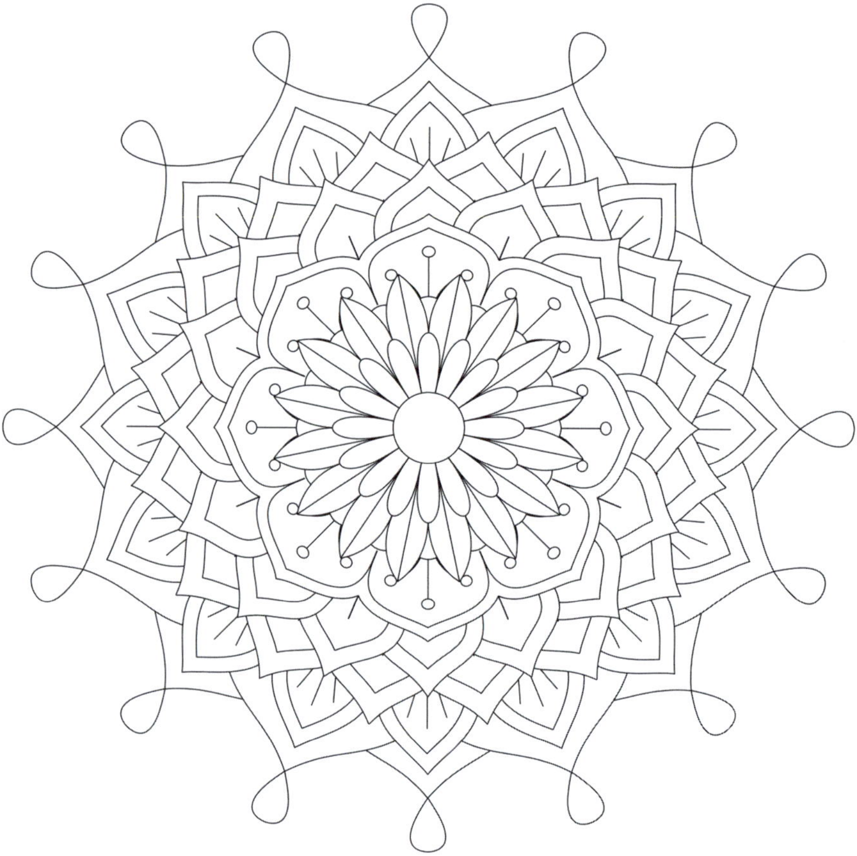

La belleza está en lo simple, en lo sincero,
en lo hecho a mano.

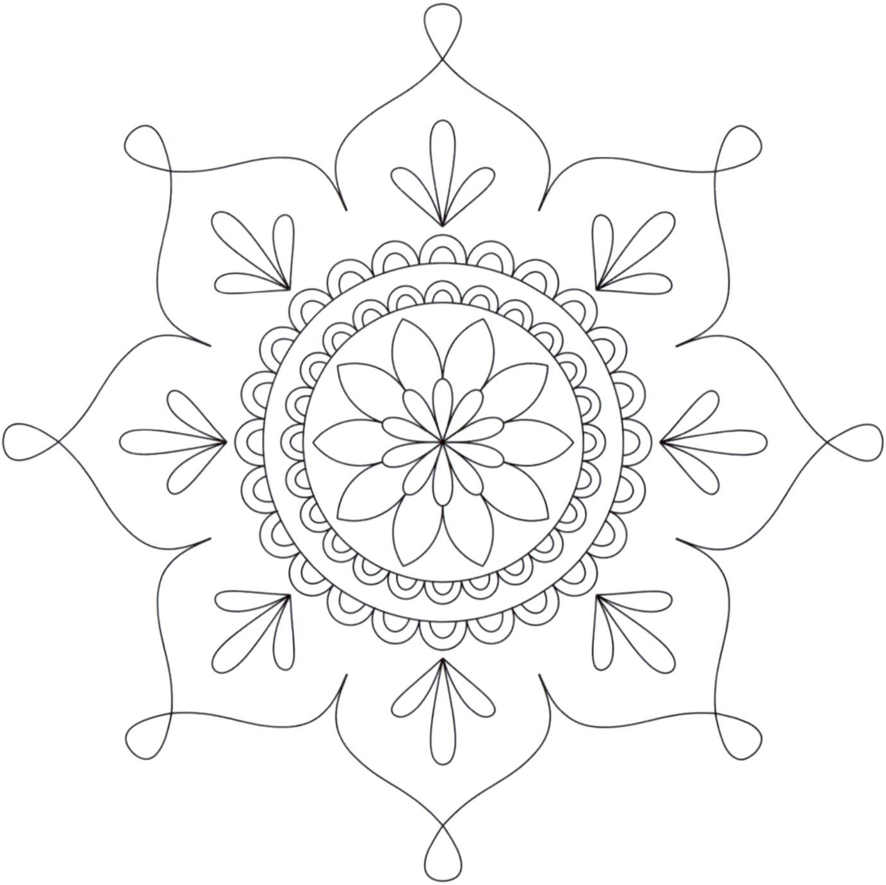

Que nunca te falte un motivo para sonreir.

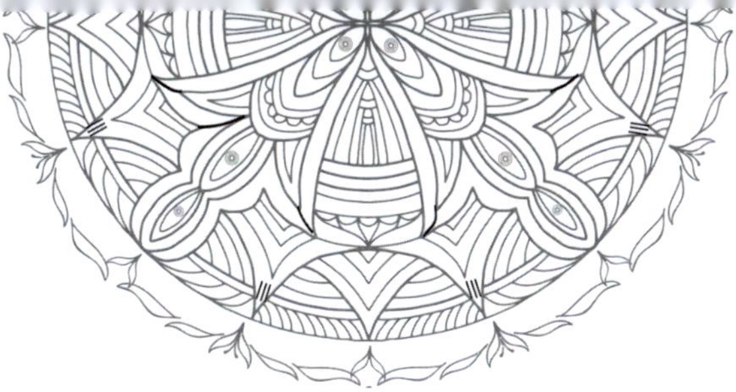

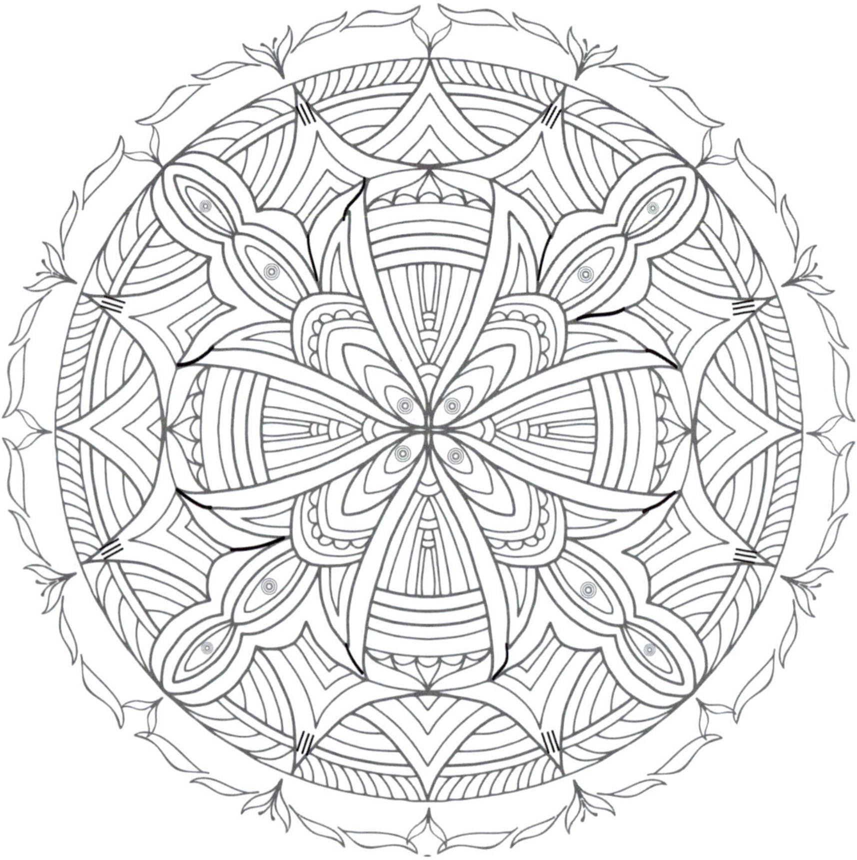

Pequeños gestos crean grandes recuerdos.

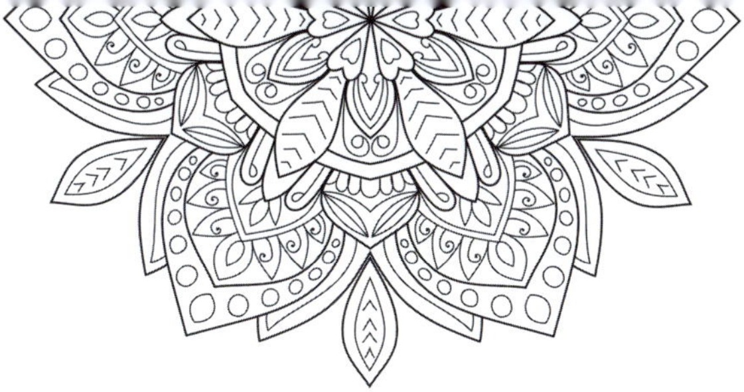

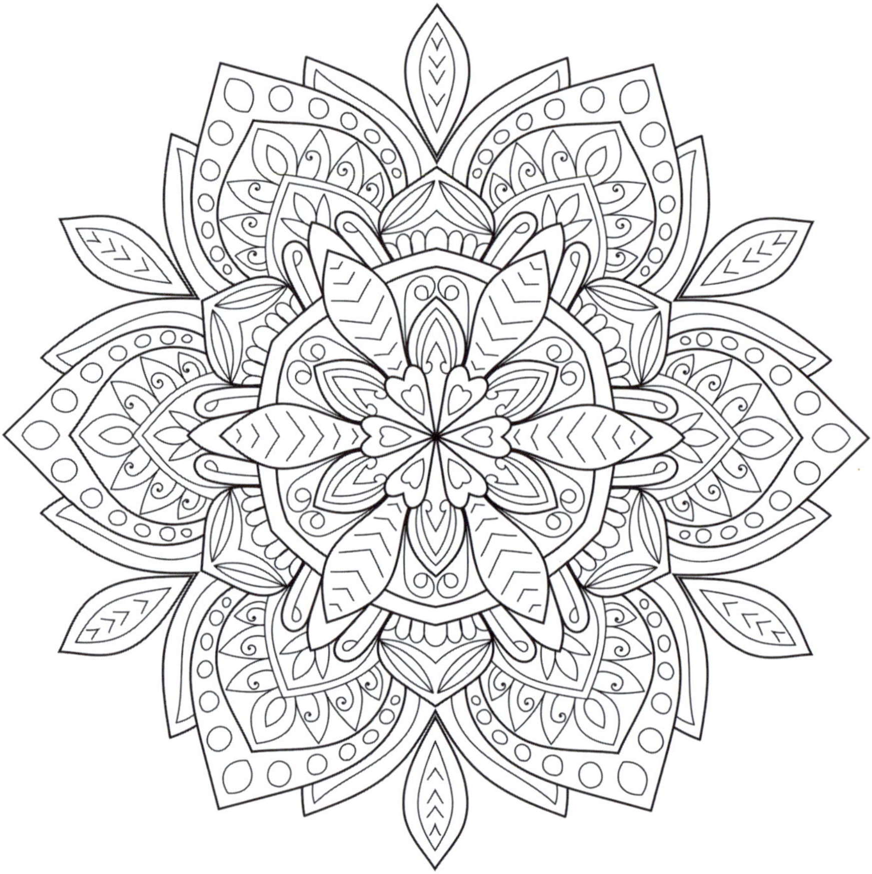

Este mandala es mi abrazo en papel.

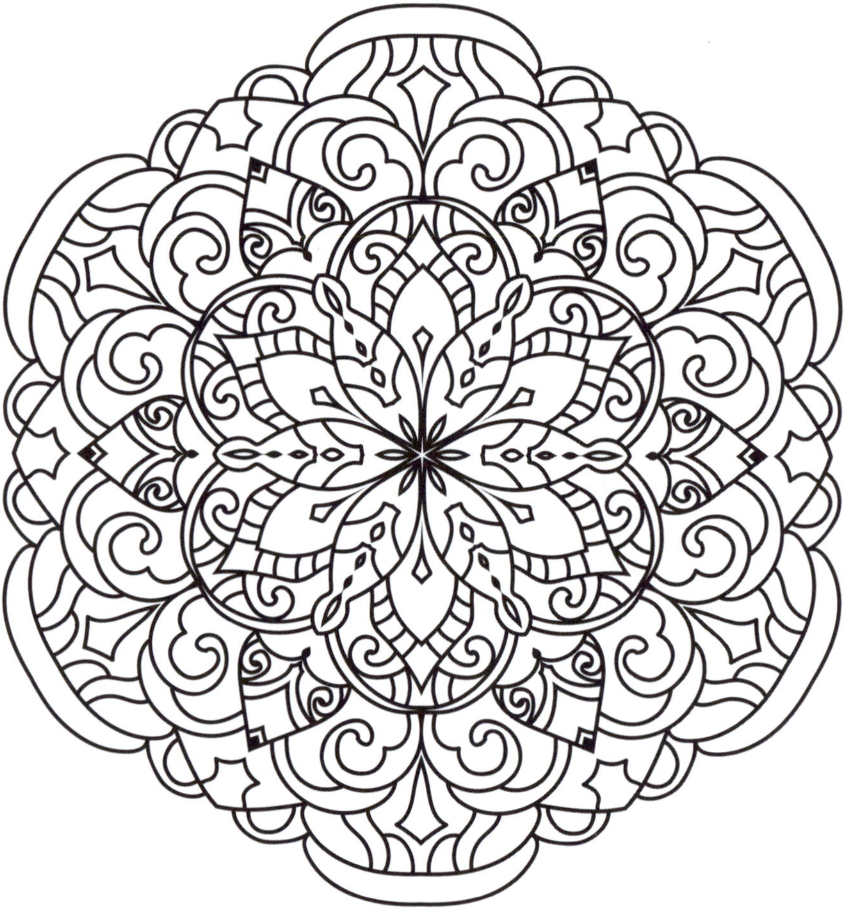

Que la magia de la Navidad
te abrace con cada color.

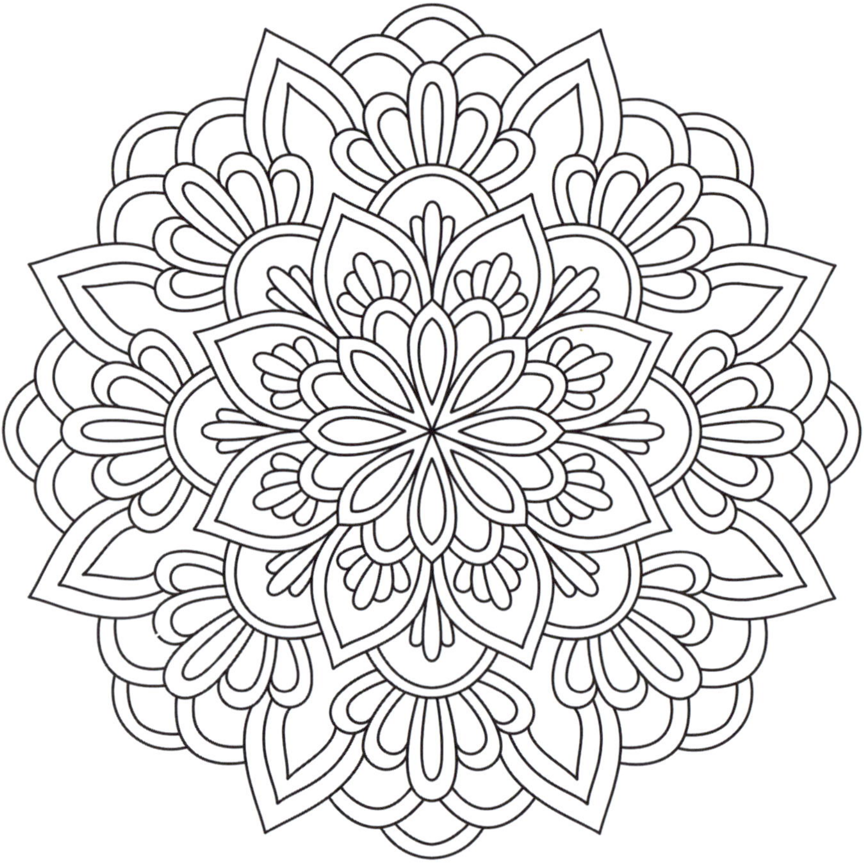

Esta postal lleva escondidos
buenos deseos y mucha ilusión.

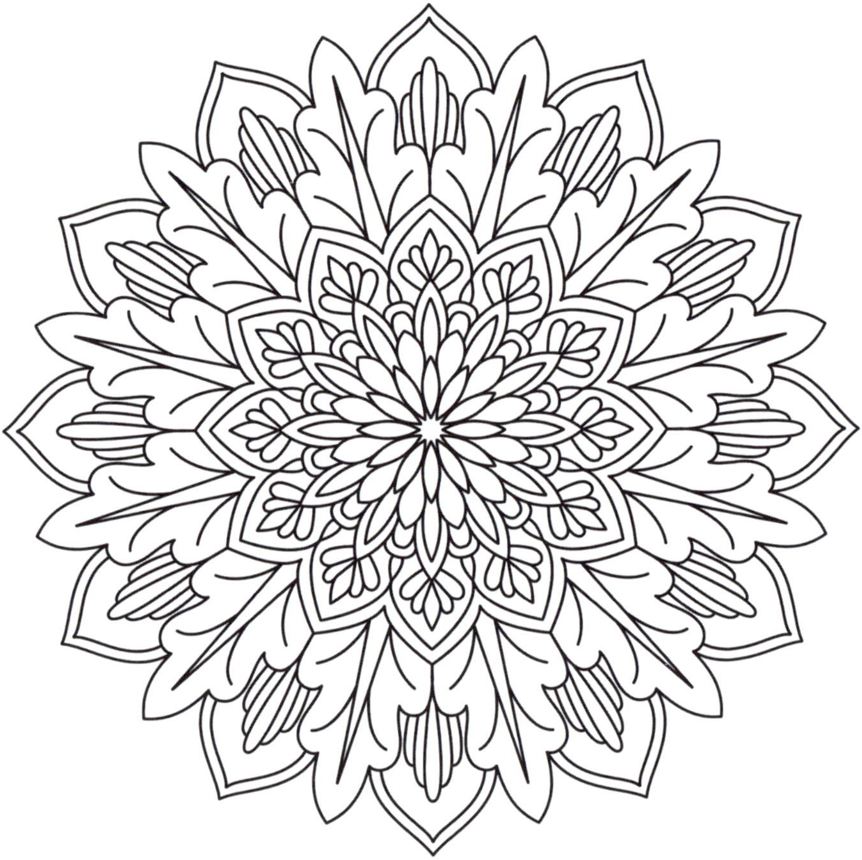

Un detalle hecho a mano
para llenar de luz estas fiestas.

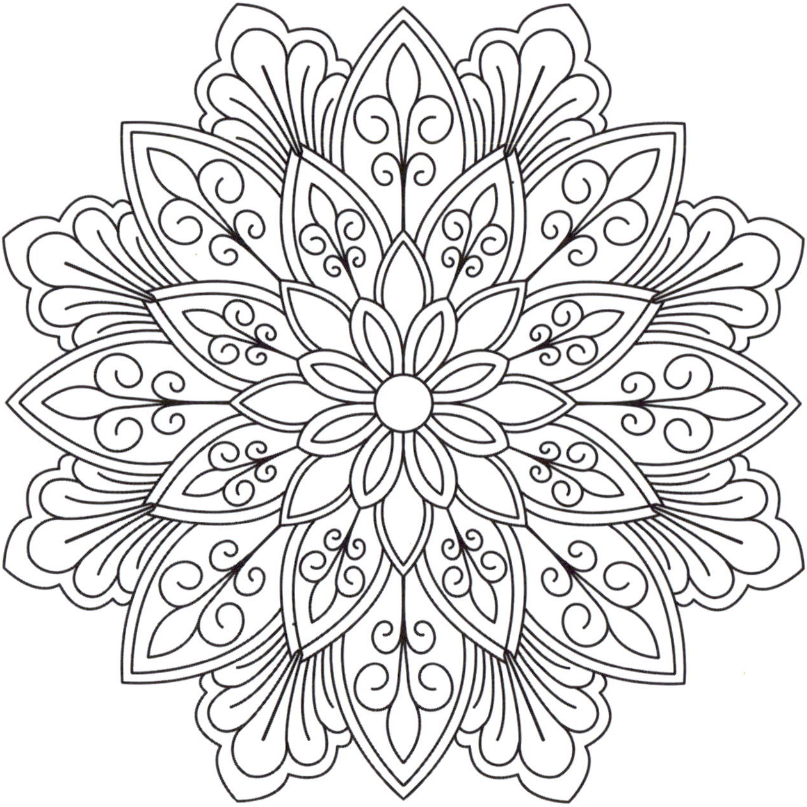

*Que la alegría navideña se cuele
en cada rincón de tu corazón.*

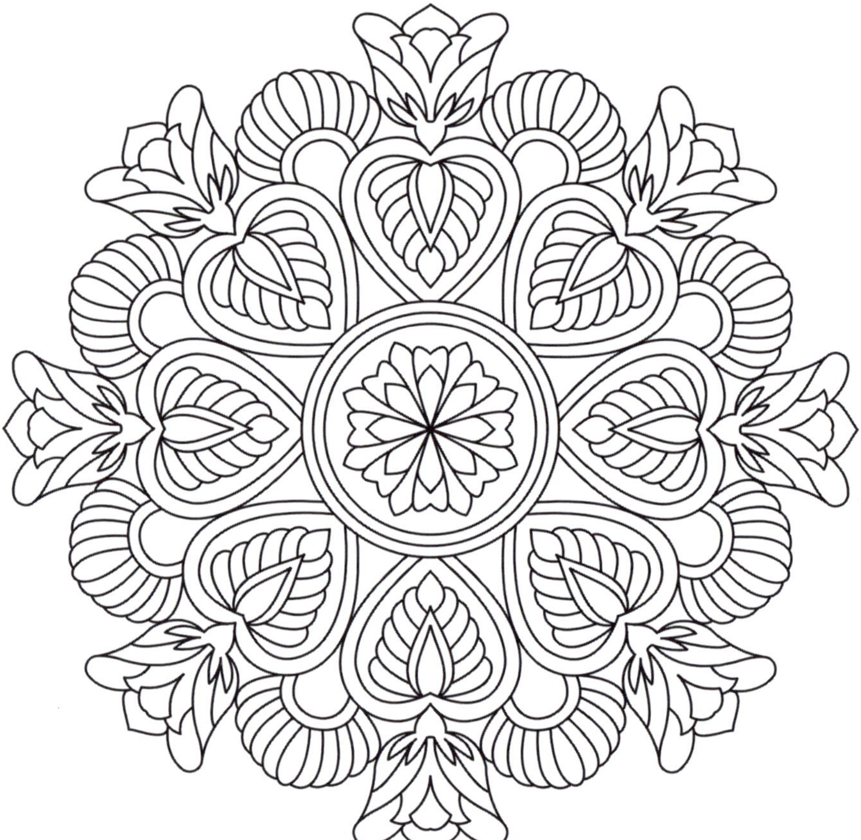

Una Navidad en calma,
con amor en cada trazo.

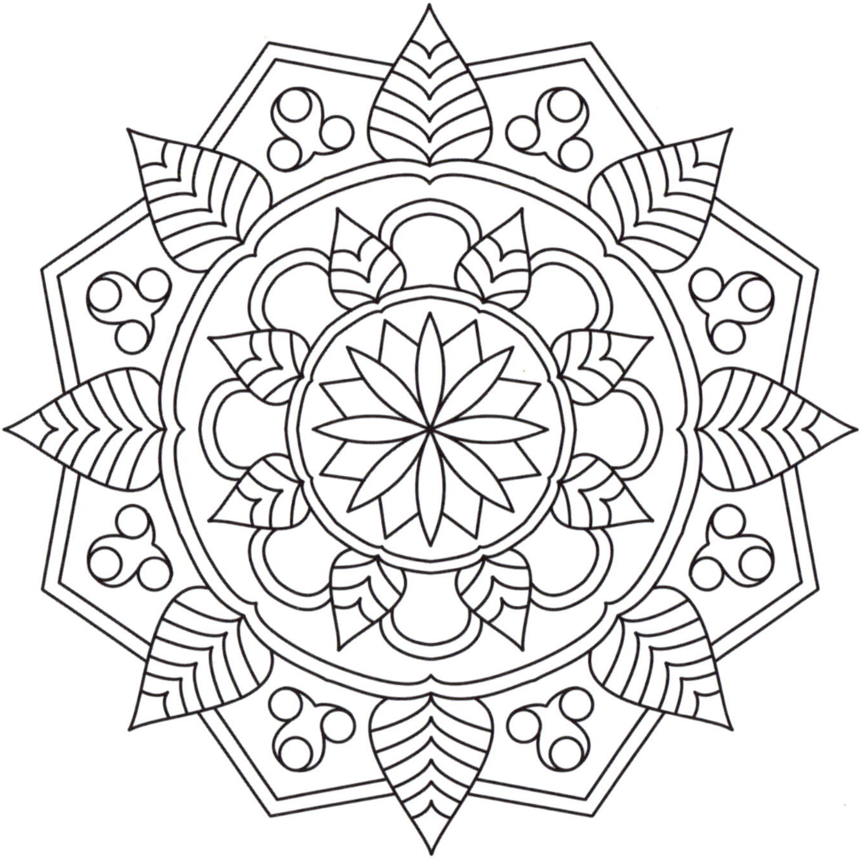

Colorea tu Navidad con cariño,
paciencia y buenos deseos.

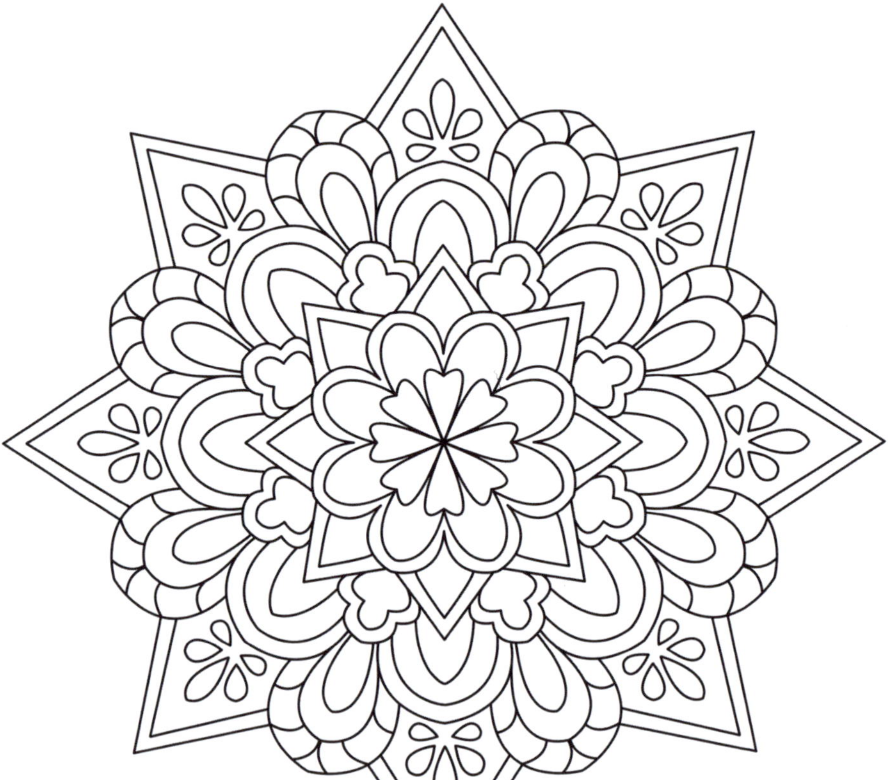

Este año, regala cosas que no se compran:
tiempo, presencia, ternura.

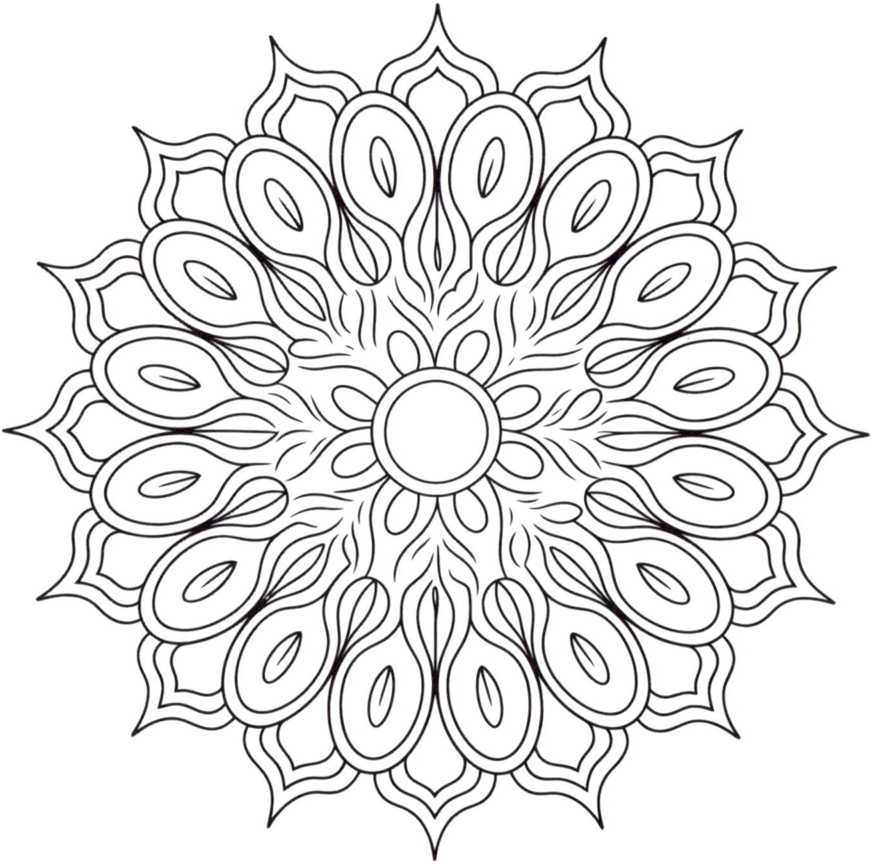

Que el espíritu navideño te acompañe todo el año.

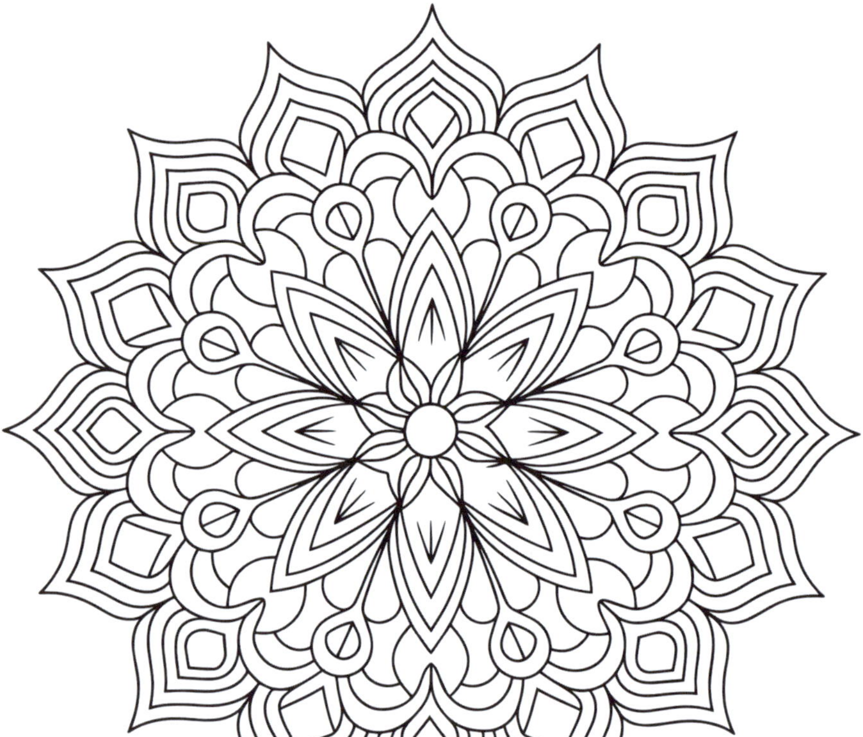

Aquí dentro hay un deseo de paz,
envuelto en papel y color.

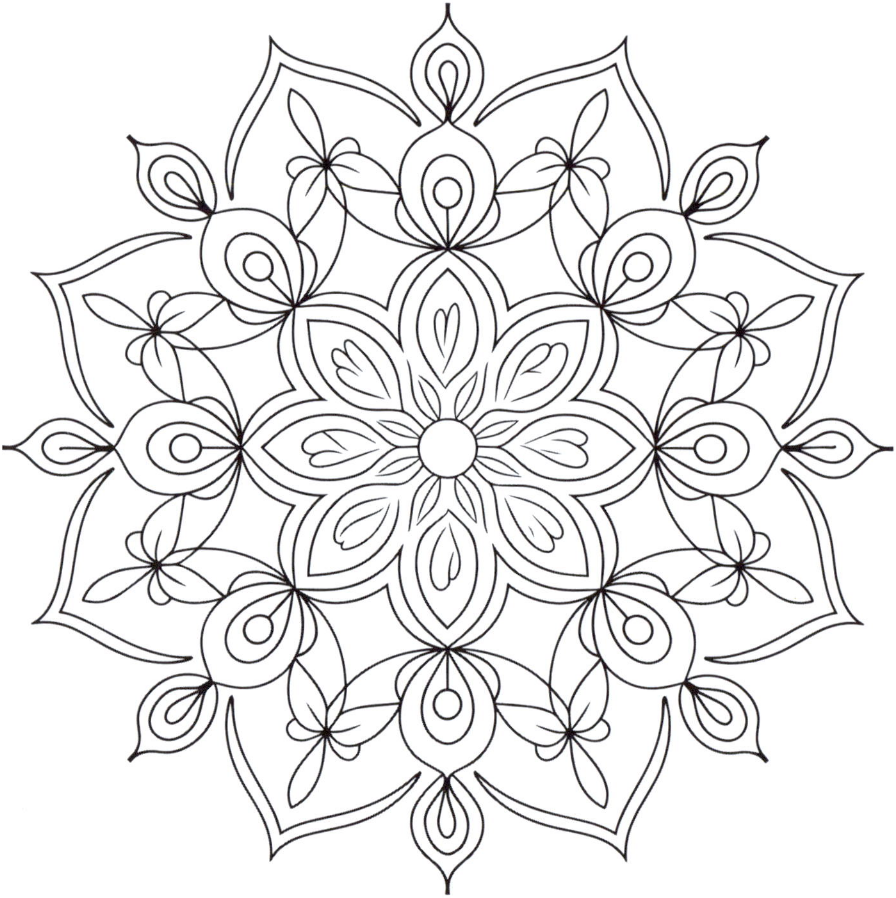

Que cada trazo lleve un poquito
de amor navideño a quien lo reciba.

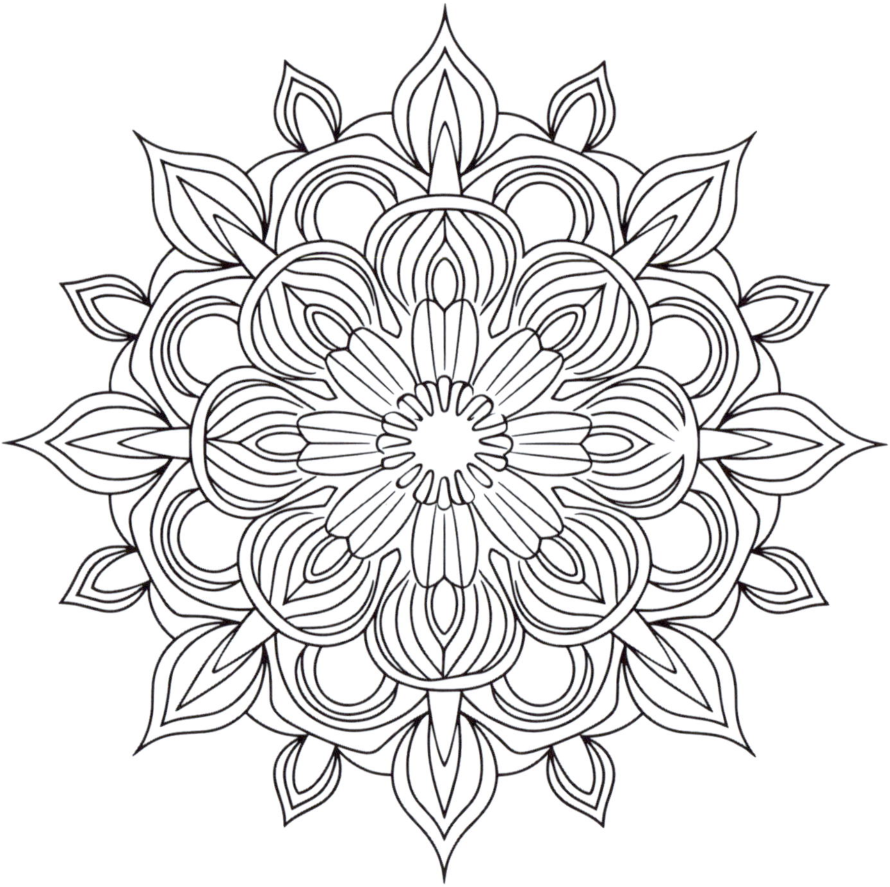

Una postal pintada con calma,
pensada para ti.

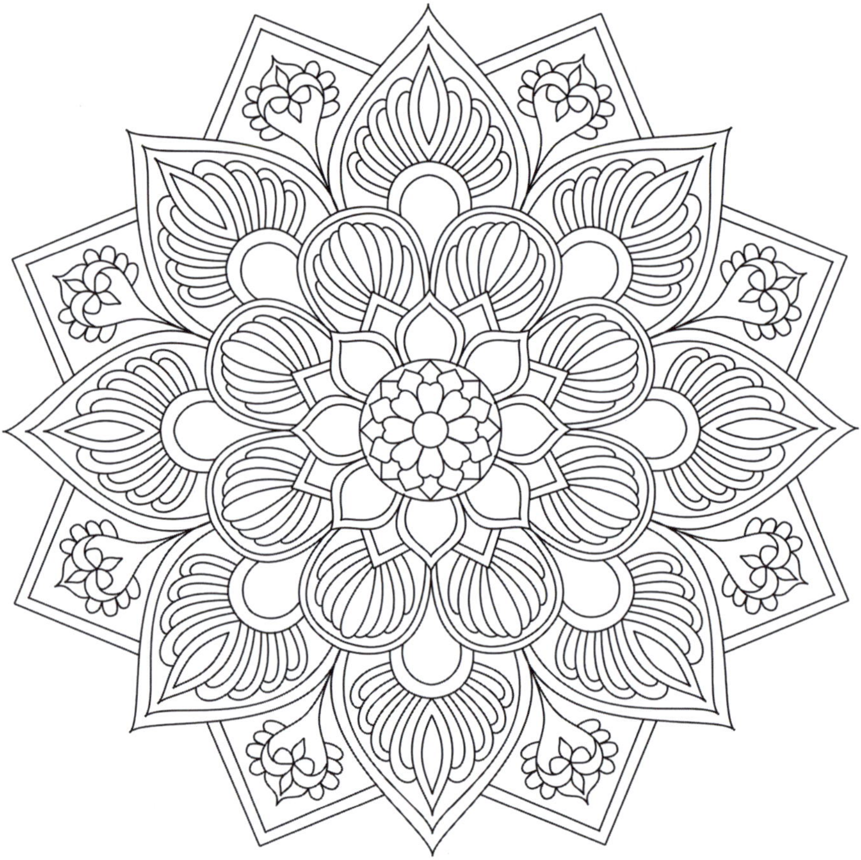

En Navidad, lo importante
es lo que se hace con el corazón.

Si tienes dudas, elige siempre regalar cariño.

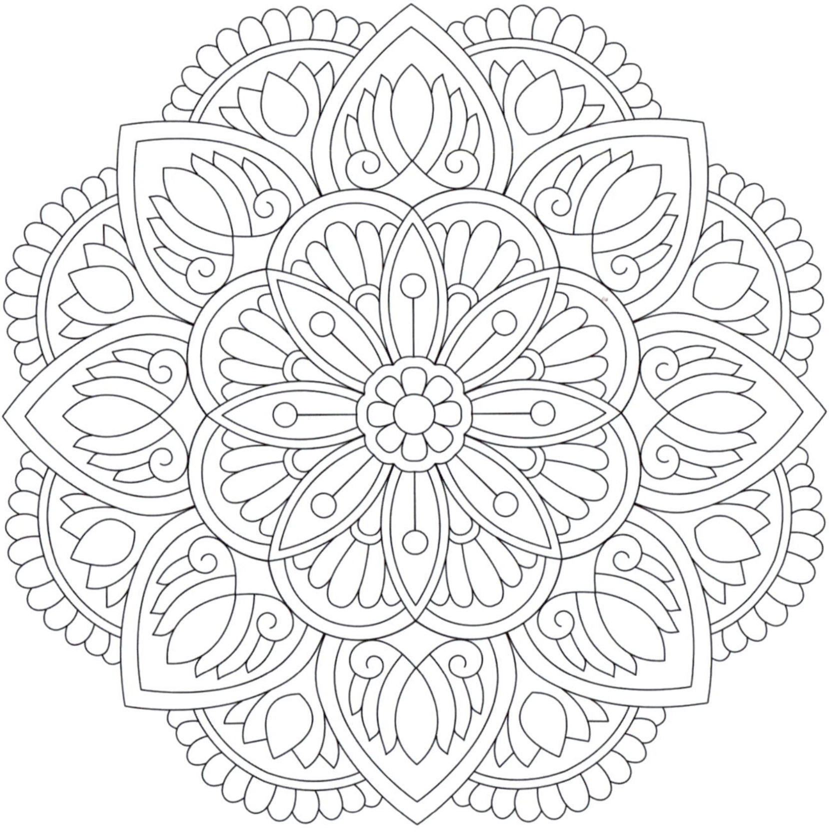

Que tu Navidad esté llena de momentos lentos y sonrisas sinceras.

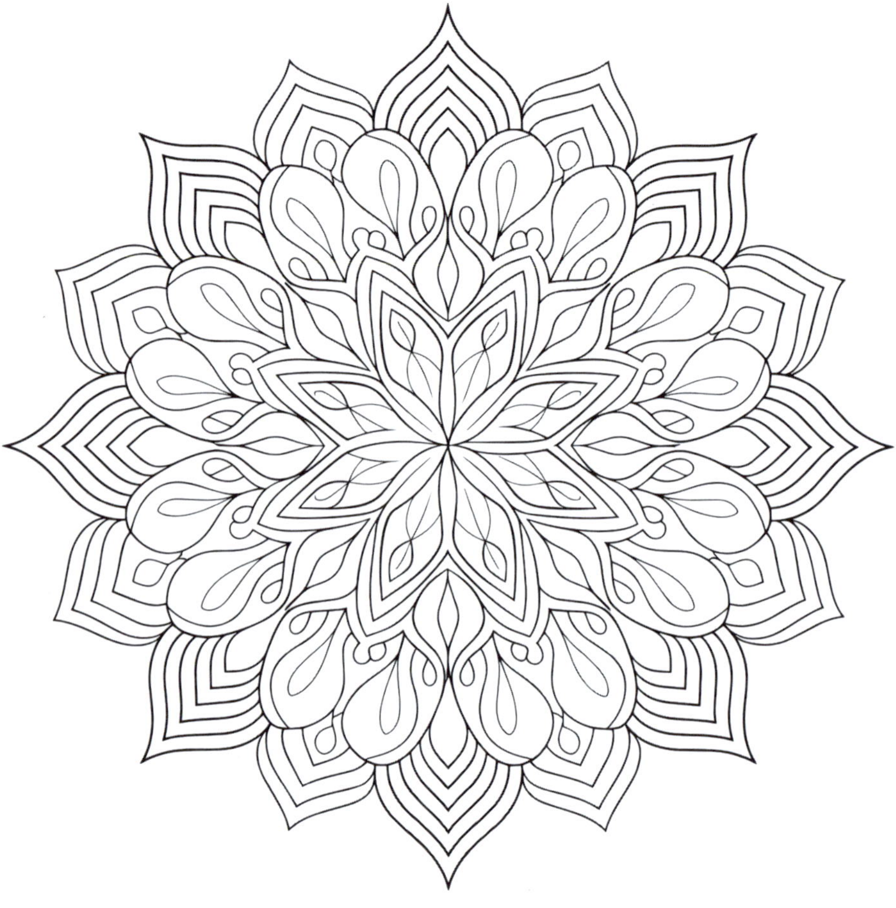

Pintar con calma también es celebrar.

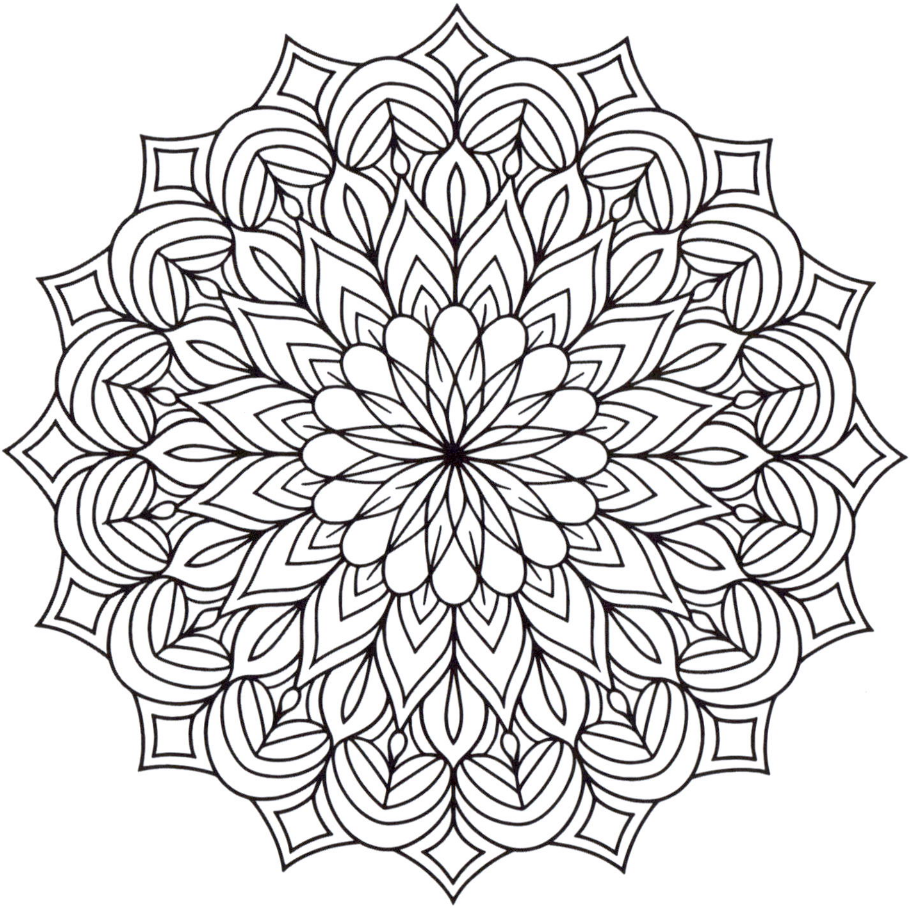

Este dibujo es mi manera de decir:
felices fiestas.

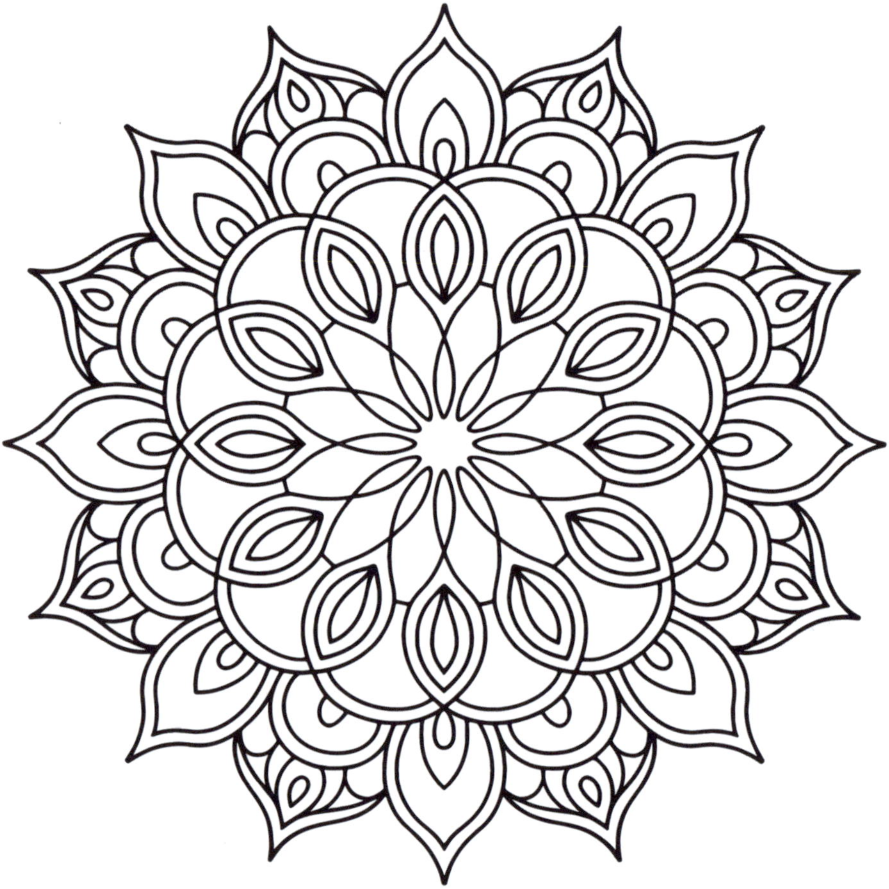

*Que no falten abrazos, luces suaves
y risas compartidas.*

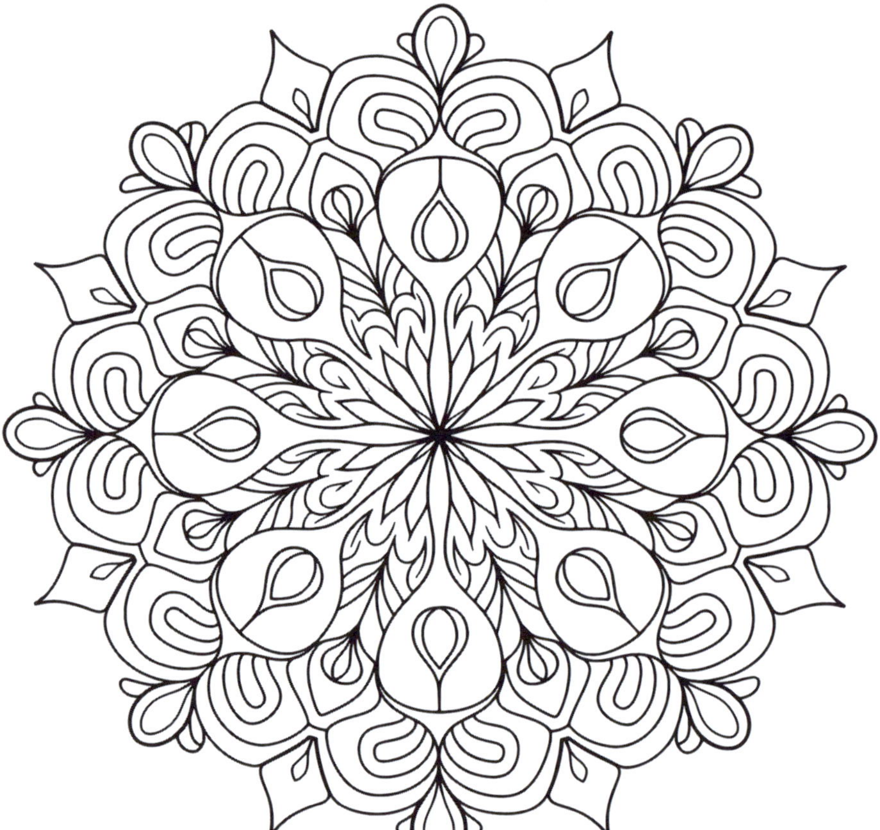

Una Navidad creativa es una Navidad feliz.

Ojalá esta postal te recuerde
cuánto te valoro.

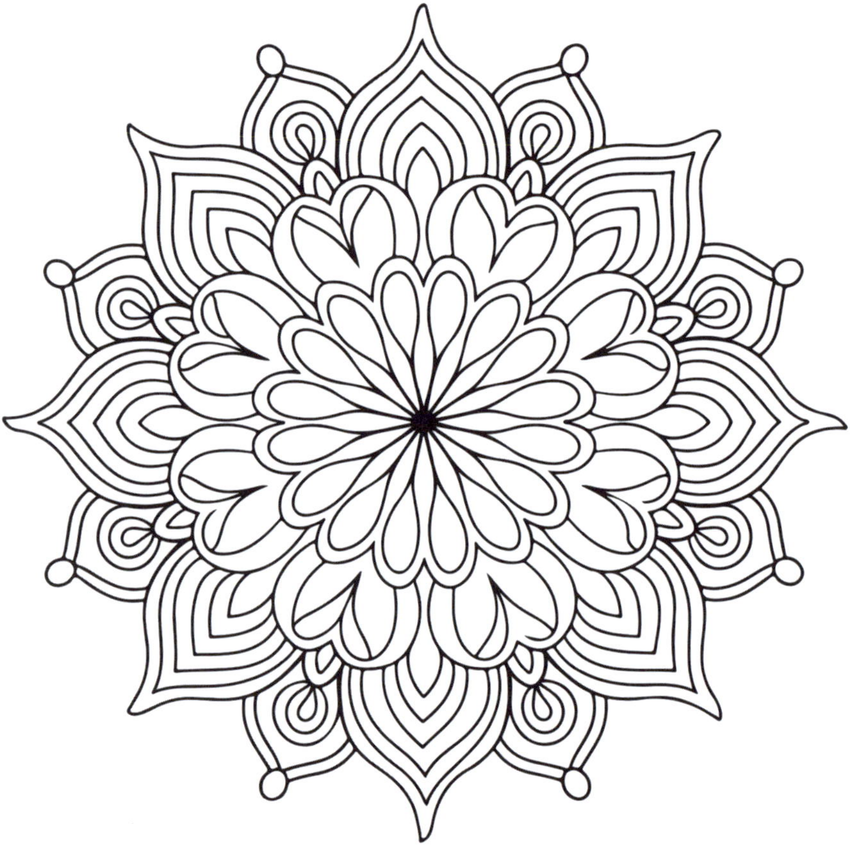

Que el color de la Navidad
pinte de alegría tus días.

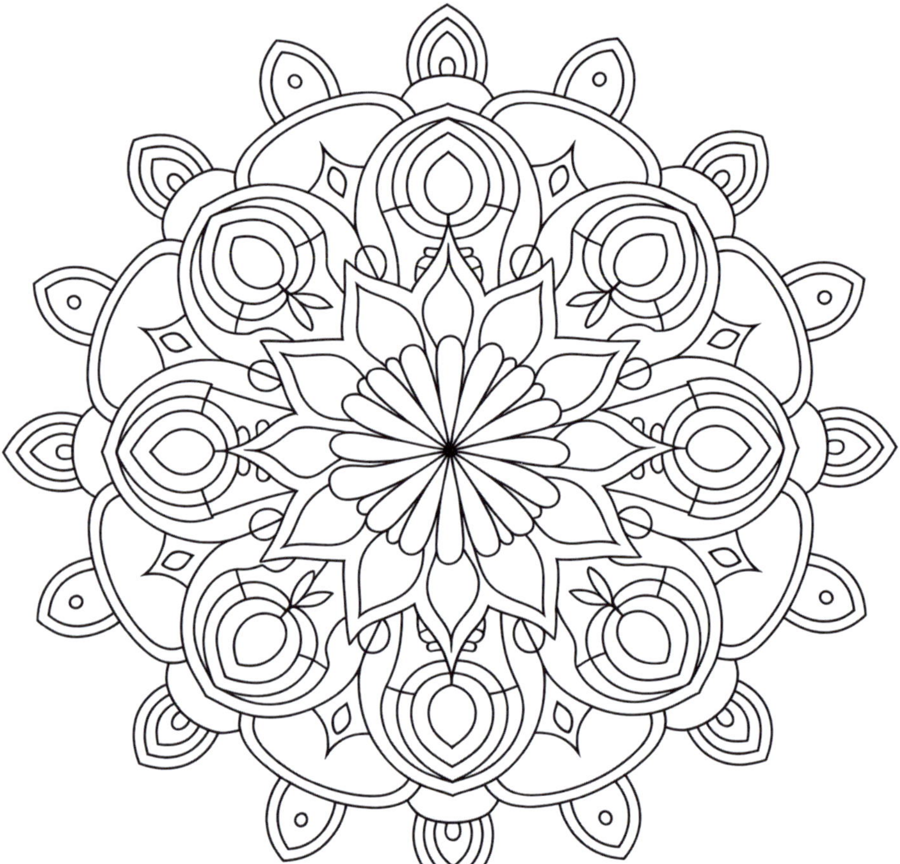

Cada día es una nueva oportunidad
para empezar de nuevo.

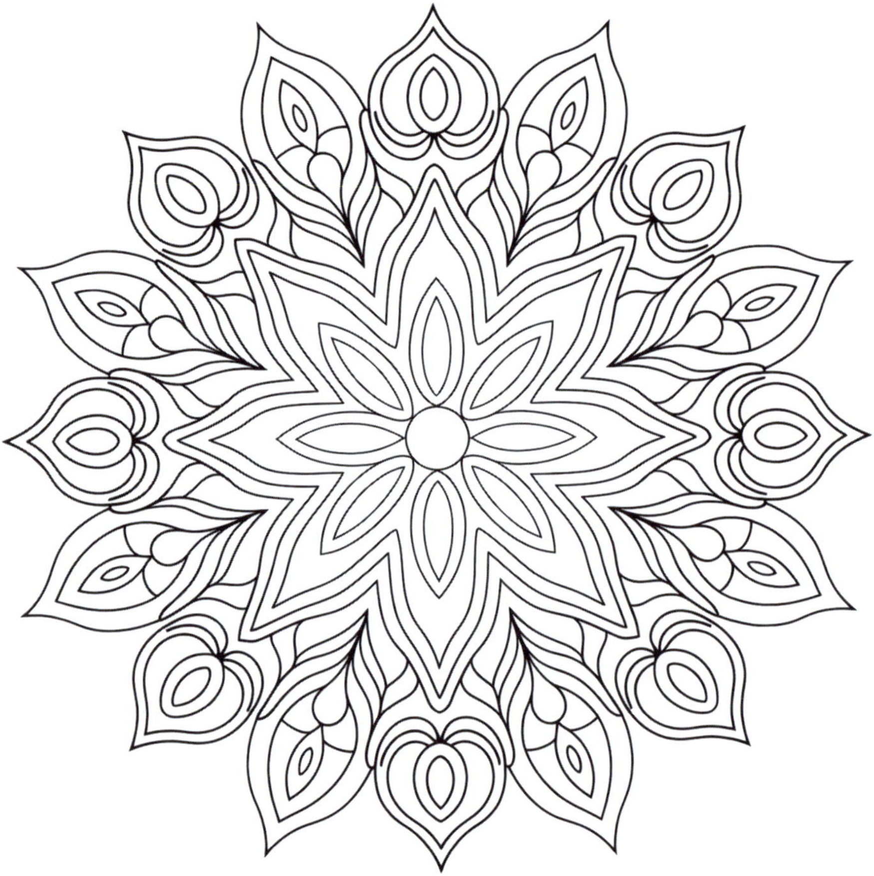

Lo que haces con amor, deja huella.

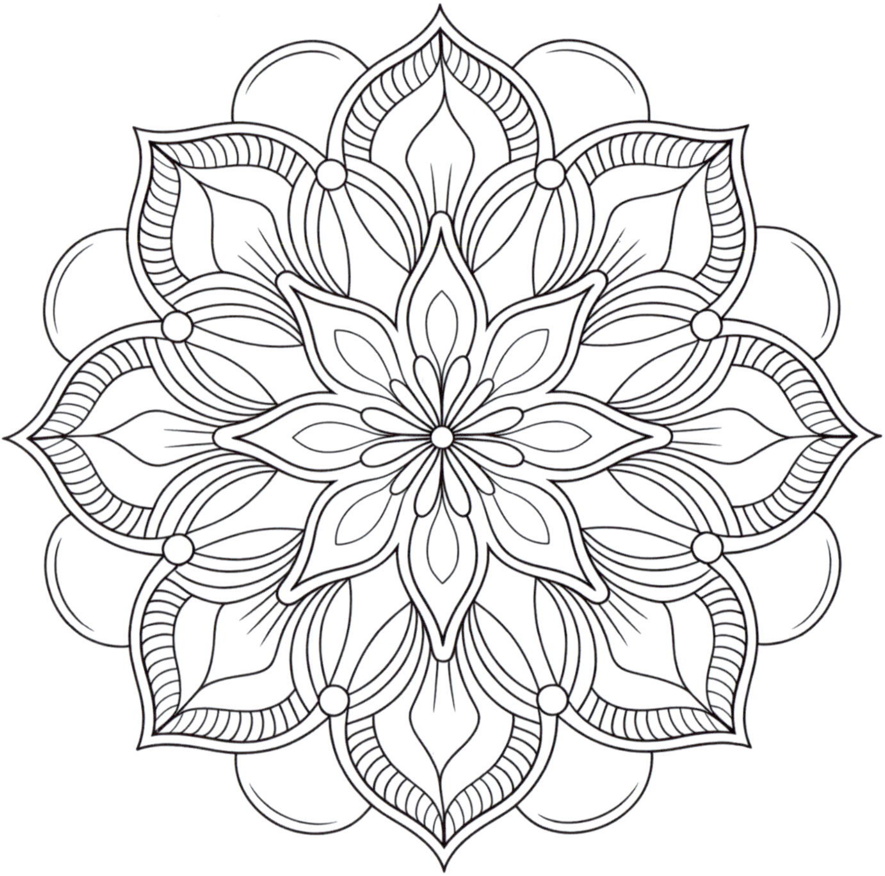

Confía en tu ritmo,
en tu luz y en tu camino.

La calma también es un regalo.

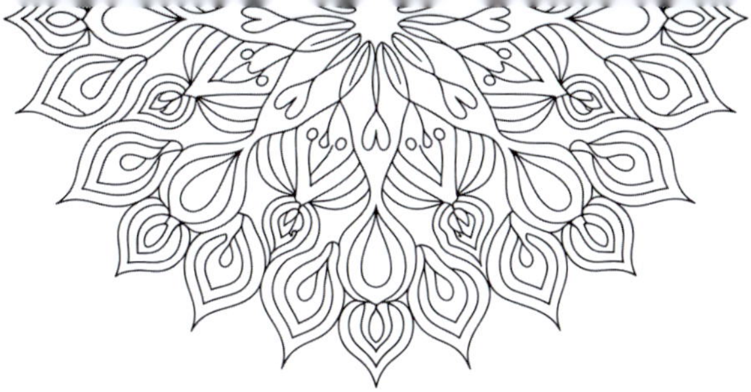

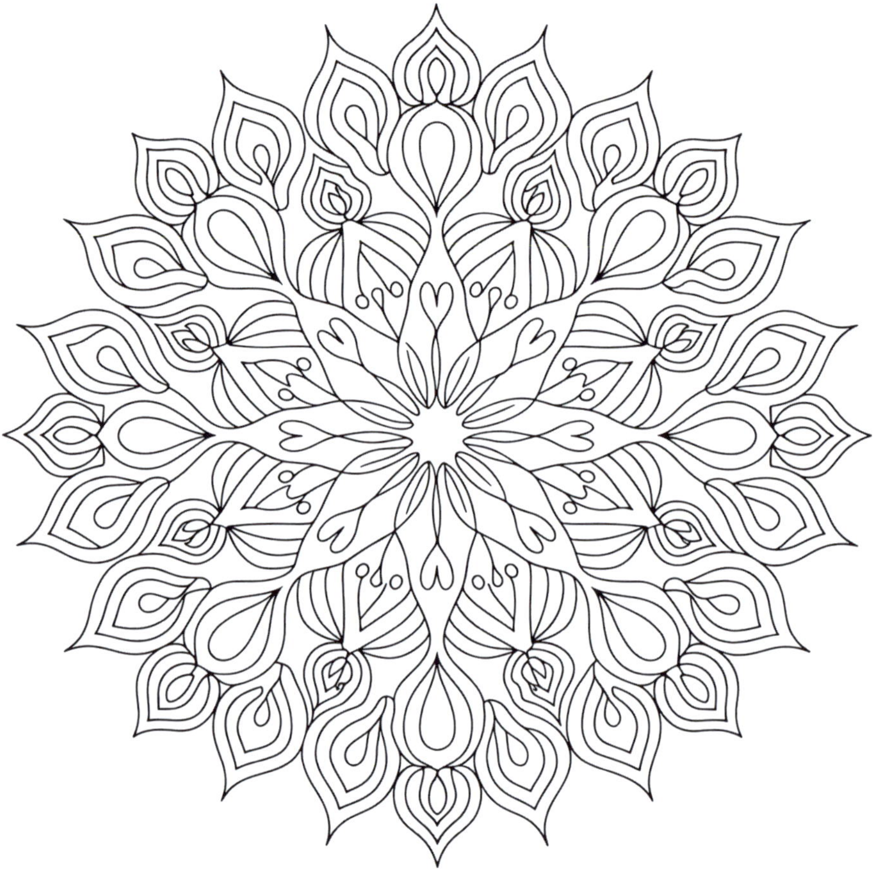

Estás haciendo lo mejor que puedes,
y eso ya es mucho.

Hoy es un buen día para ser amable contigo misma.

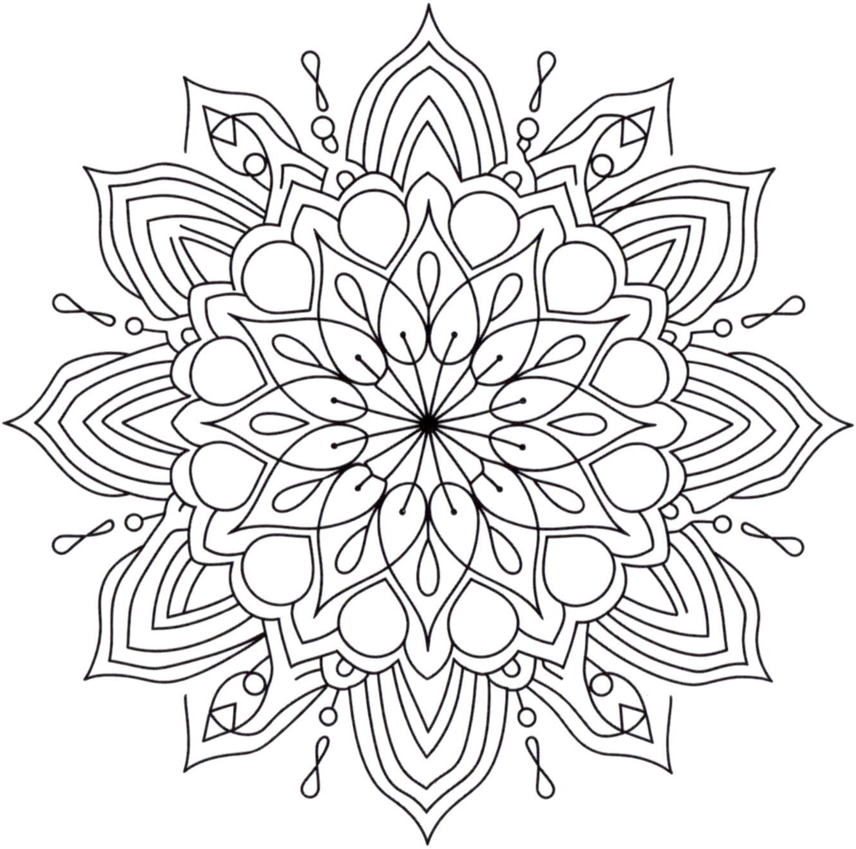

Lo sencillo también
puede ser extraordinario.

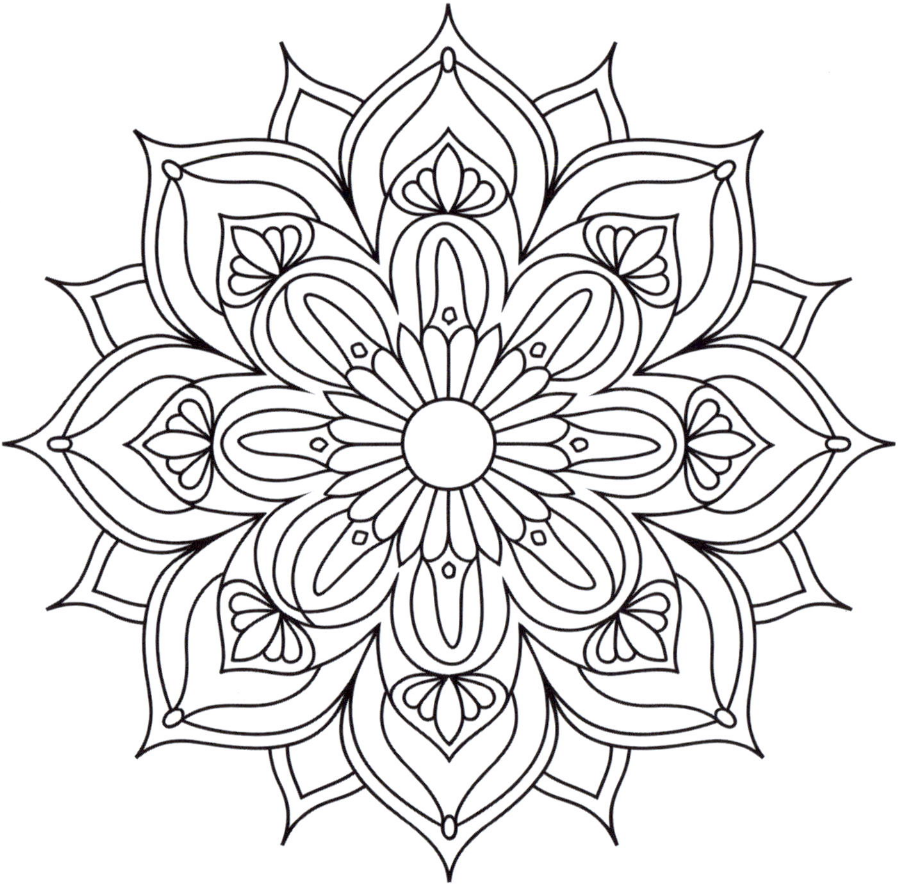

Cree en la belleza de lo pequeño.

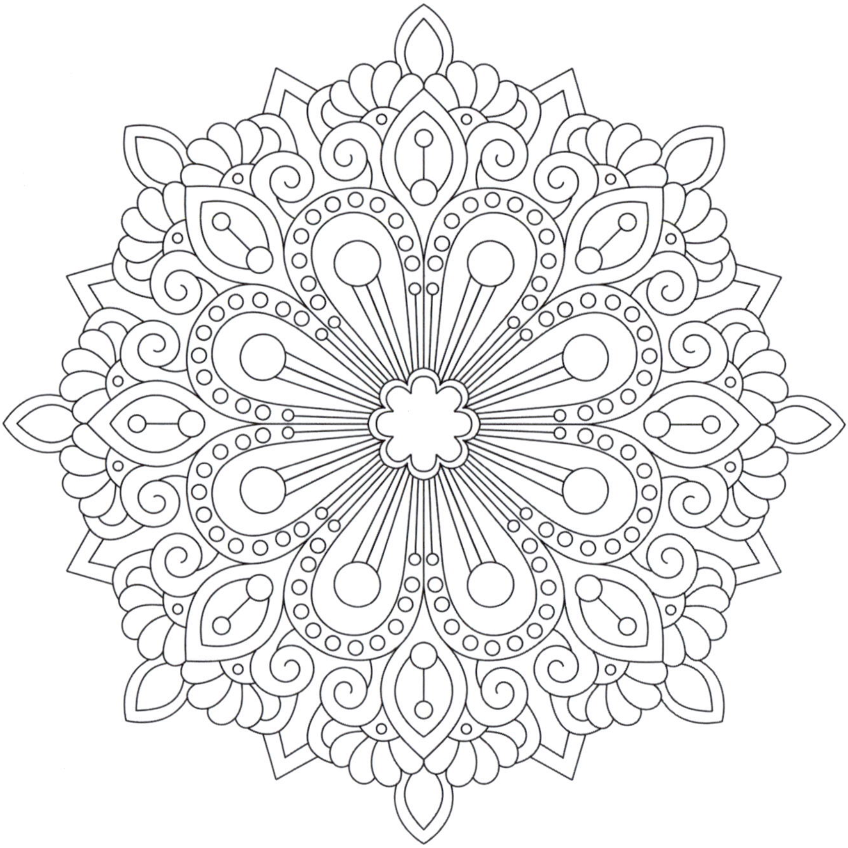

*La gratitud transforma
lo cotidiano en algo mágico.*

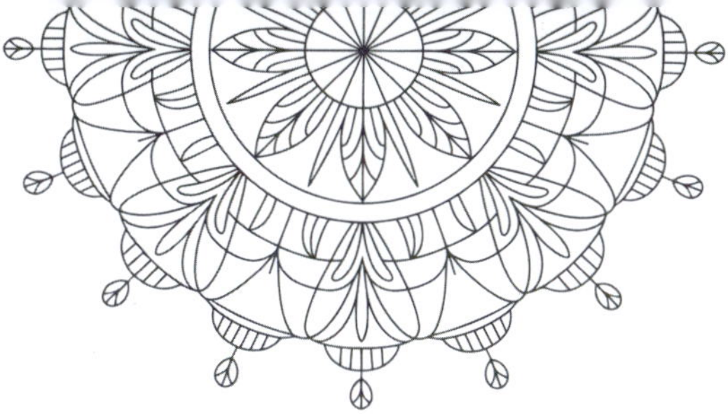

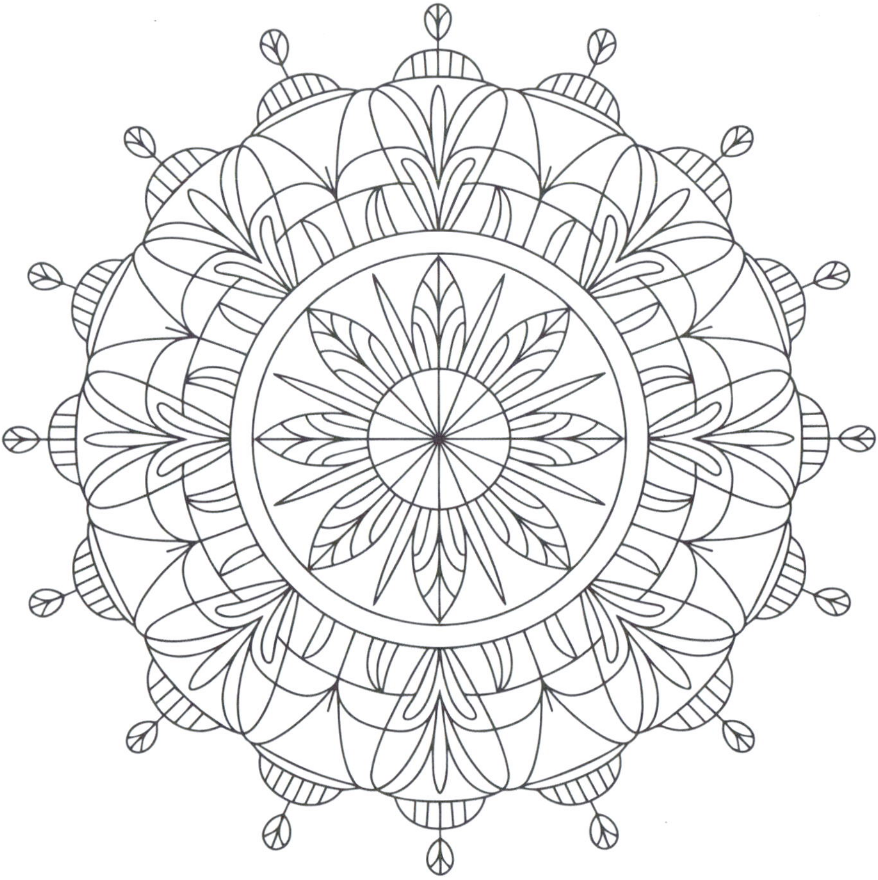

Cada gesto de amor es una semilla de esperanza.

No hace falta que todo sea perfecto,
solo que sea sincero.

2ª PARTE

En esta segunda parte encontrarás postales navideñas listas para colorear y recortar. Son perfectas para acompañar un regalo, enviar por correo o simplemente dejar una nota especial a alguien que quieras.

Cada postal es una invitación a detenerte un momento, a poner en palabras y colores lo que sientes, y a compartir el calor de estas fiestas con un detalle hecho a mano.

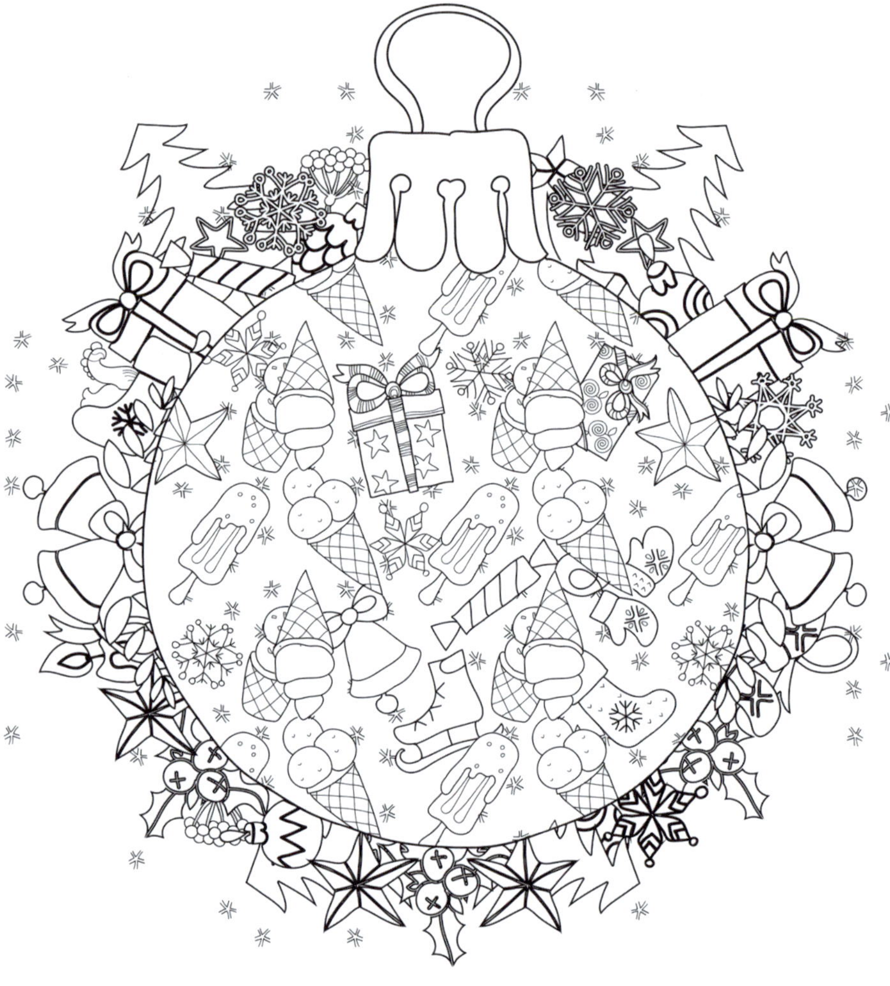

A veces, parar es el primer
paso para avanzar.

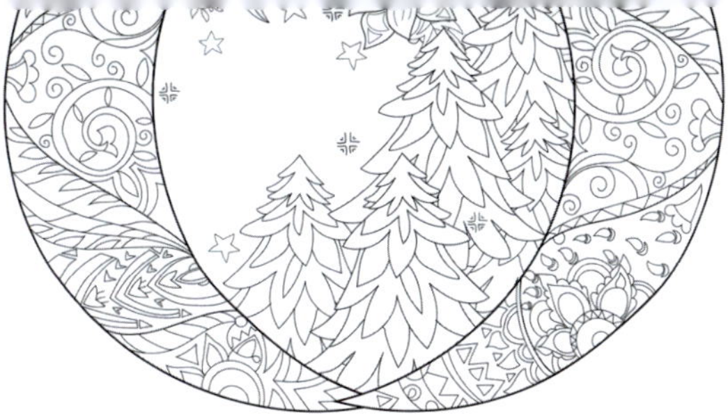

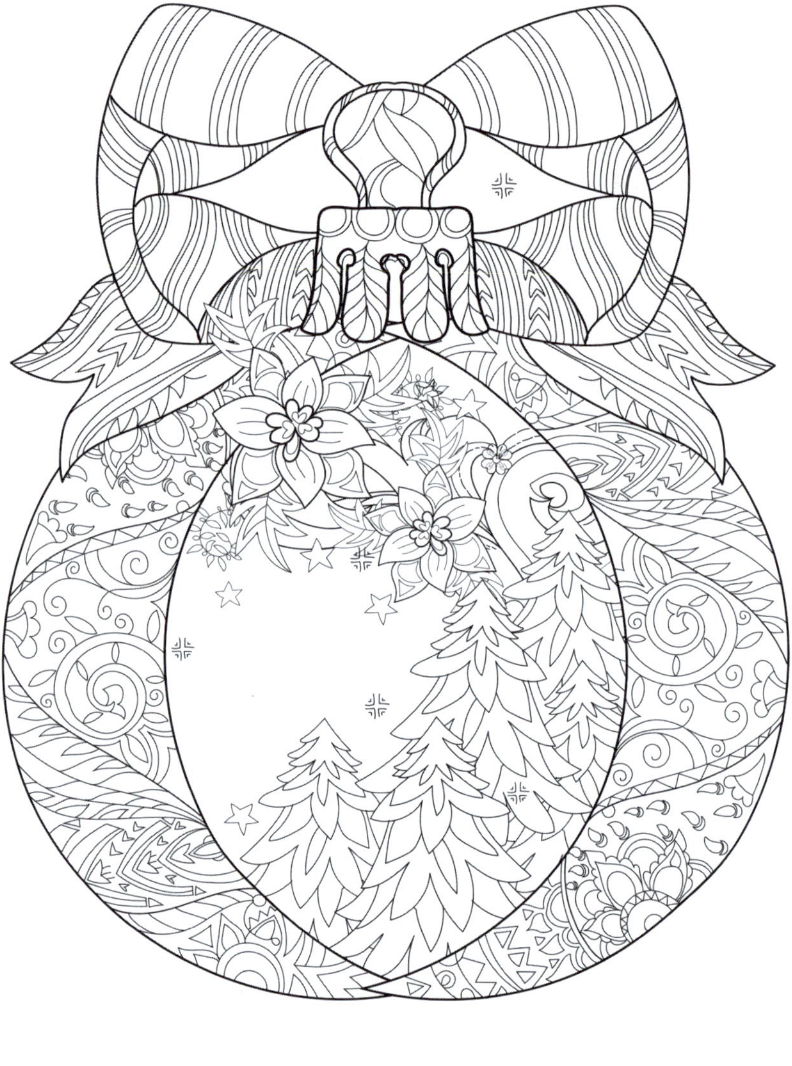

Cuídate como cuidarías
a alguien que amas mucho.

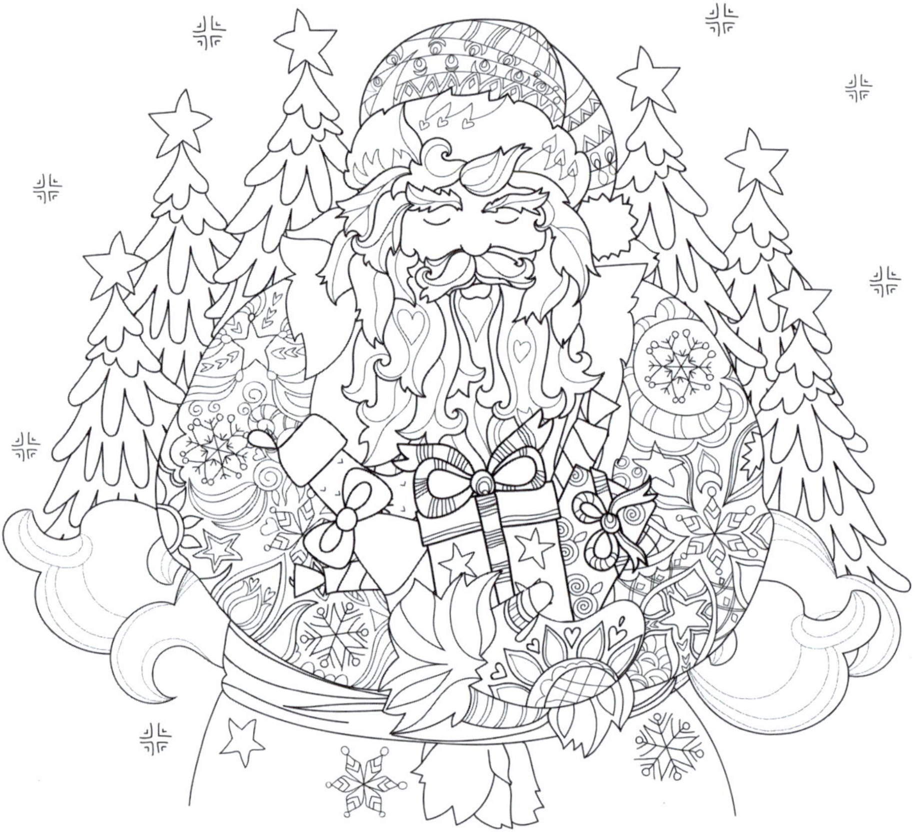

Todo lo que necesitas
ya está dentro de ti.

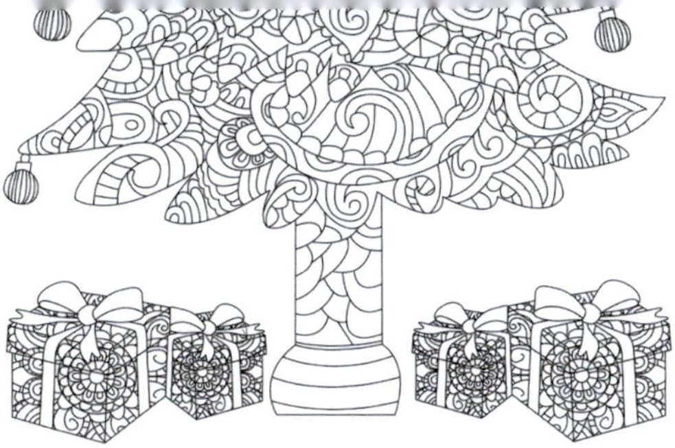

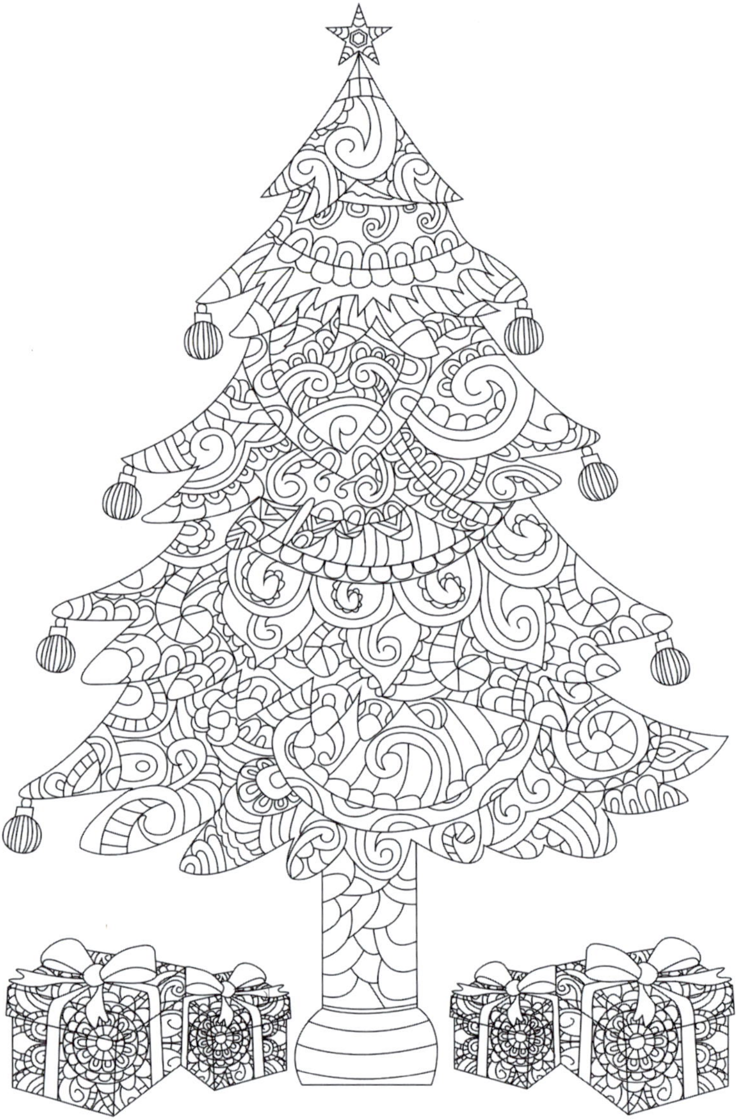

Respira profundo y vuelve a ti.

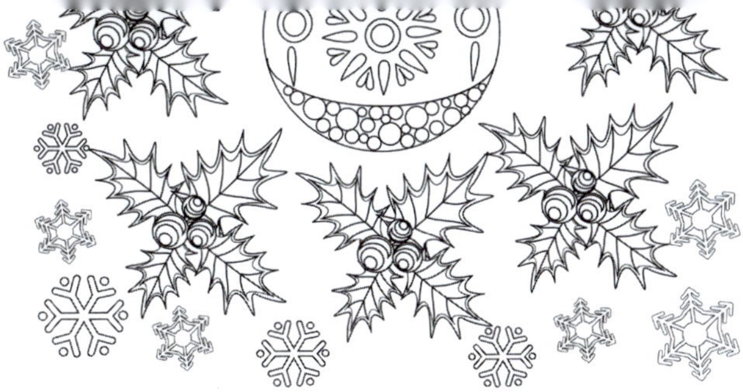

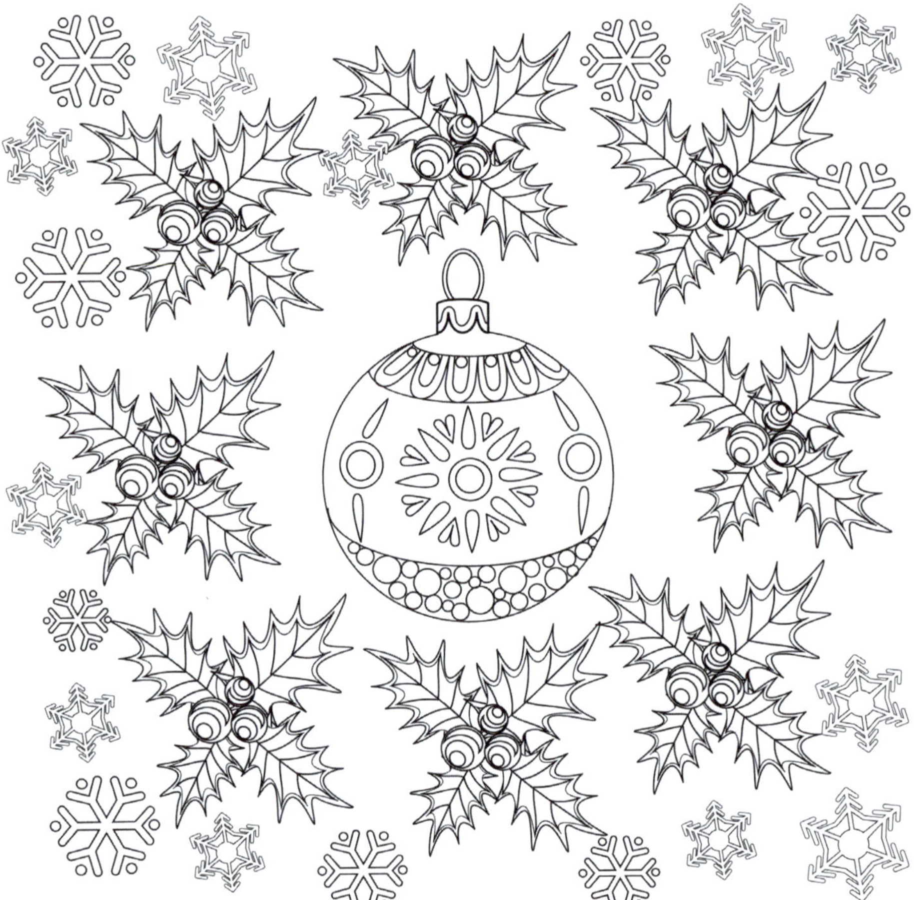

La luz siempre encuentra
la forma de entrar.

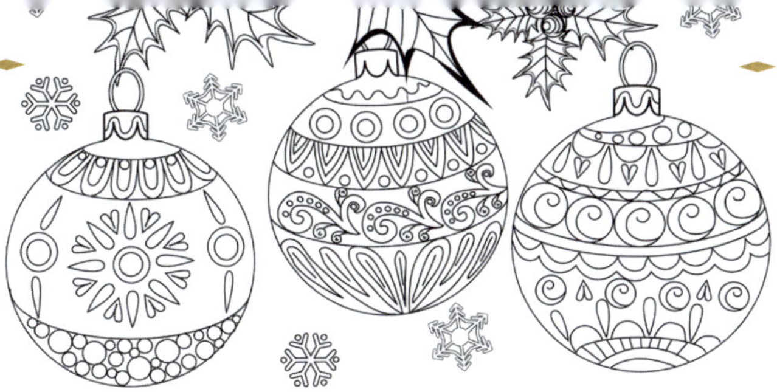

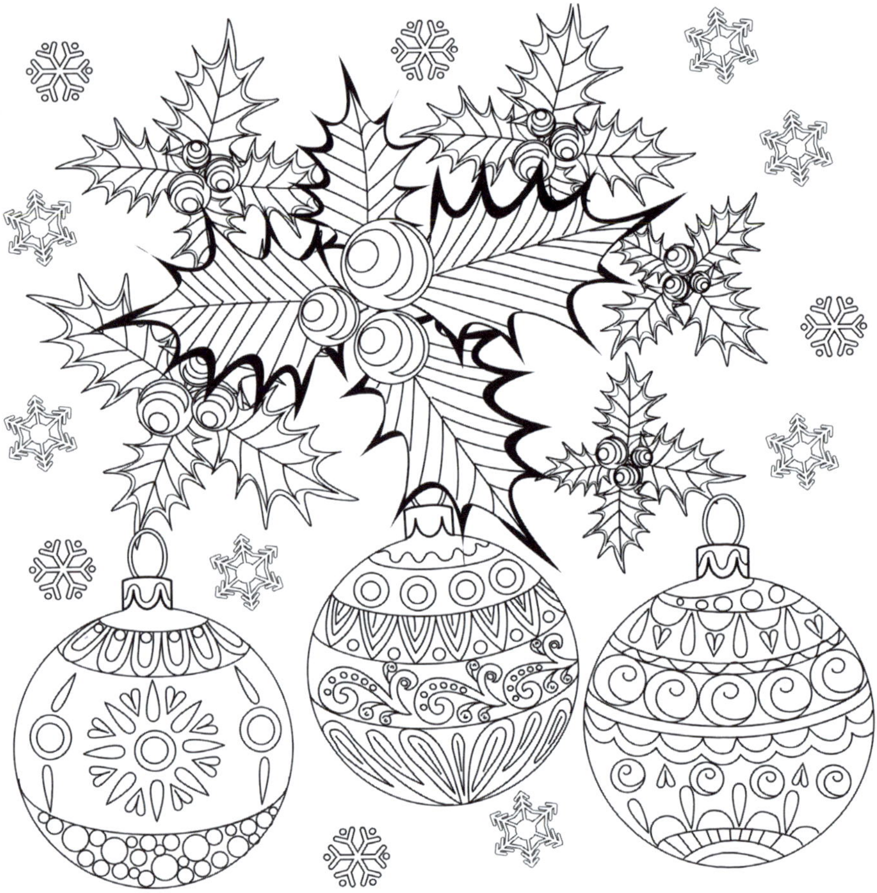

Hay belleza en lo inacabado,
en lo imperfecto, en lo tuyo.

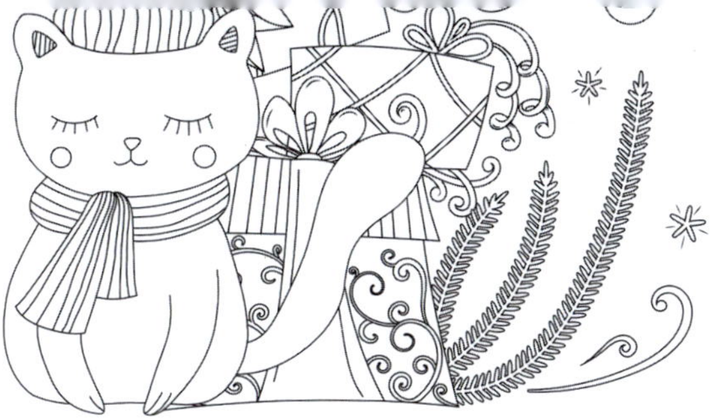

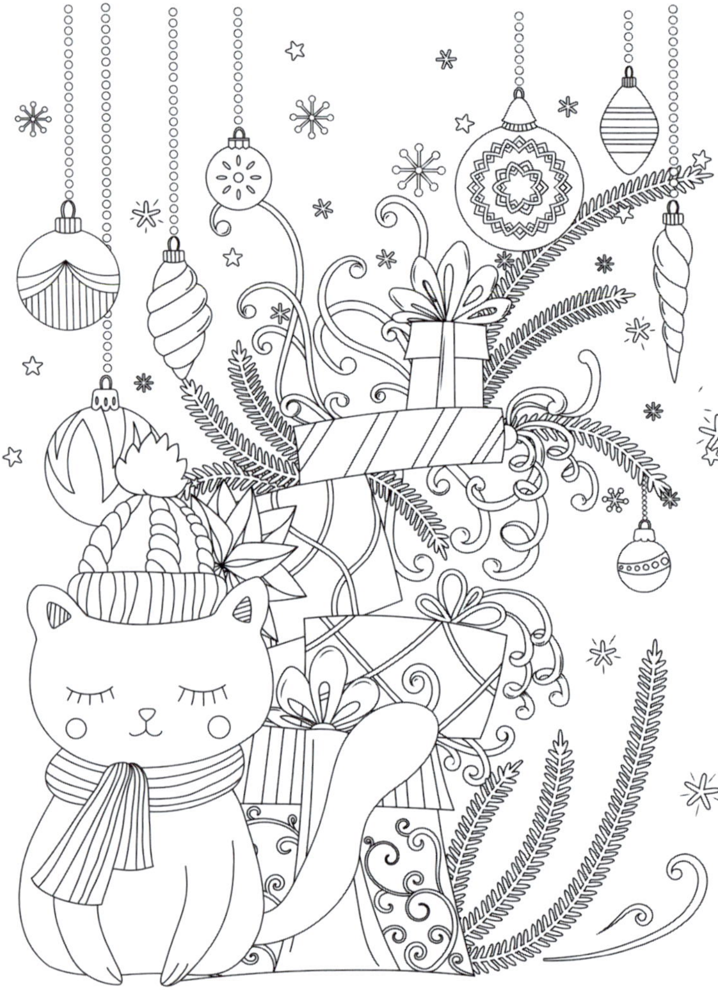

No estás sola: hay cariño esperándote
en los lugares más sencillos.

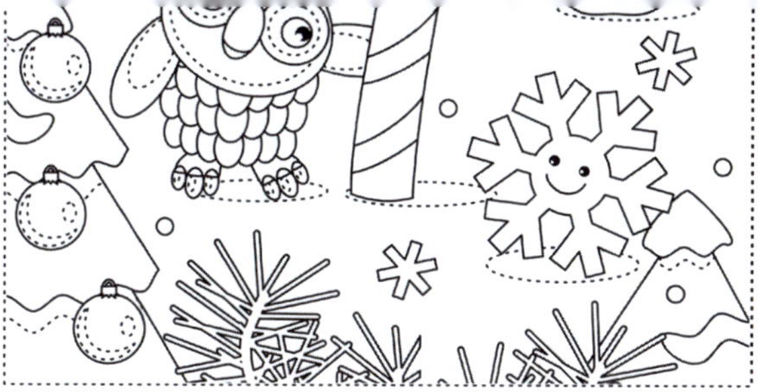

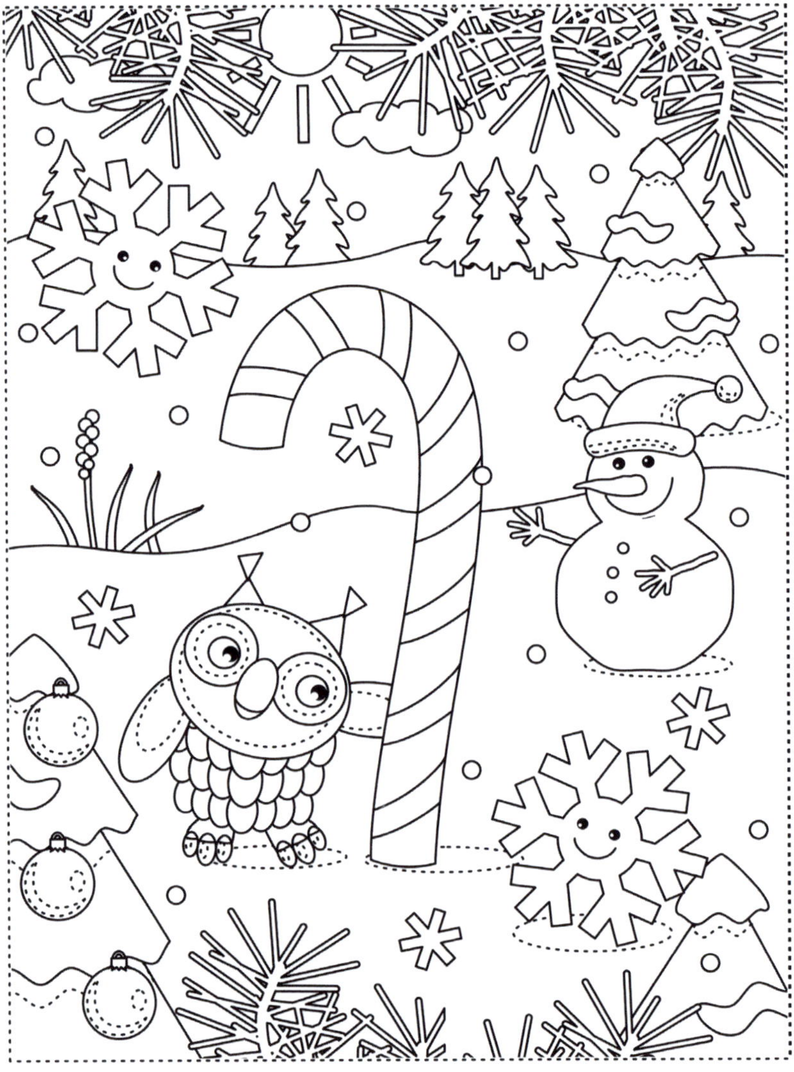

Estás exactamente donde necesitas estar.

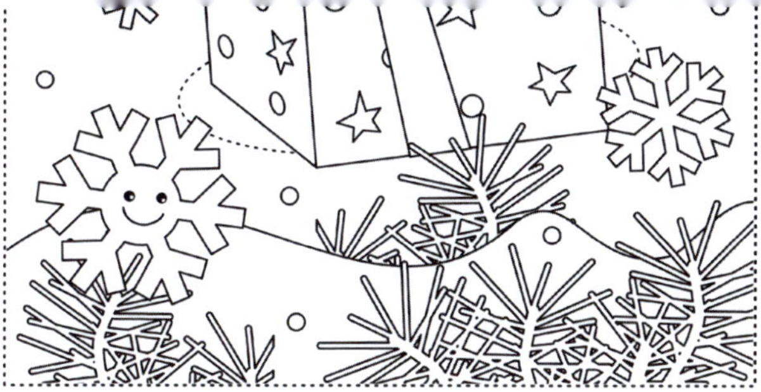

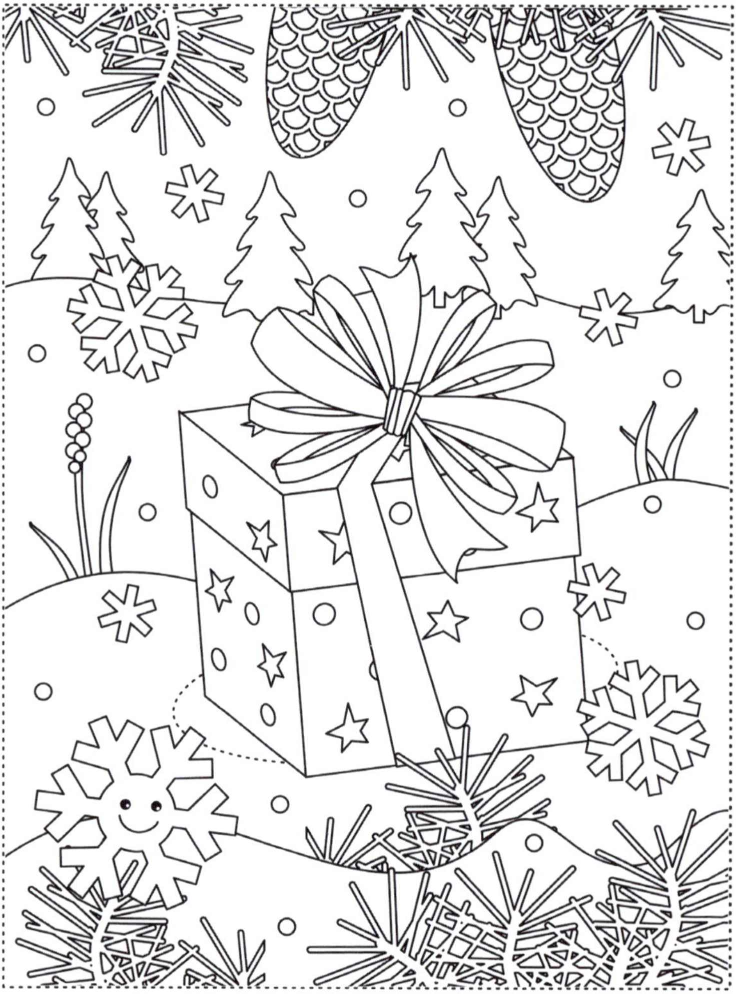

Que nunca te falten ganas
de seguir creando.

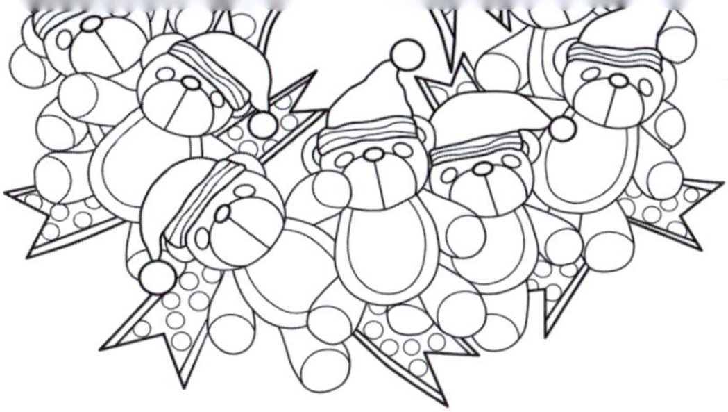

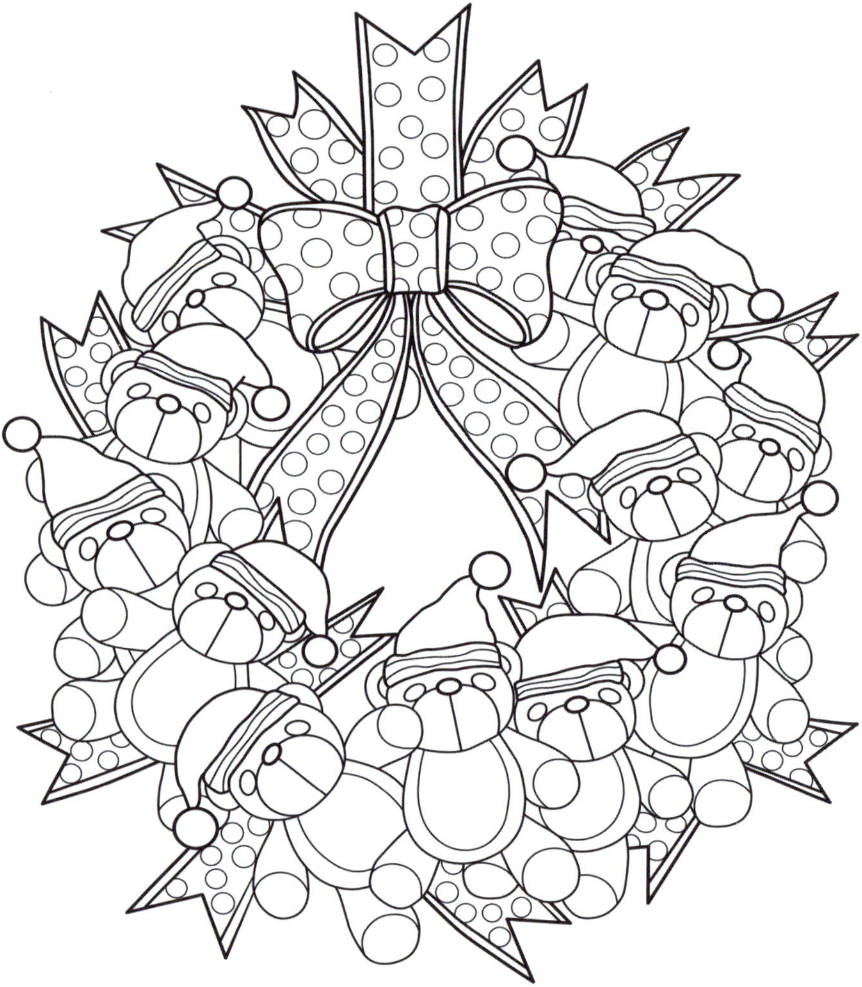

Sé suave contigo.
Estás haciendo lo mejor que puedes.

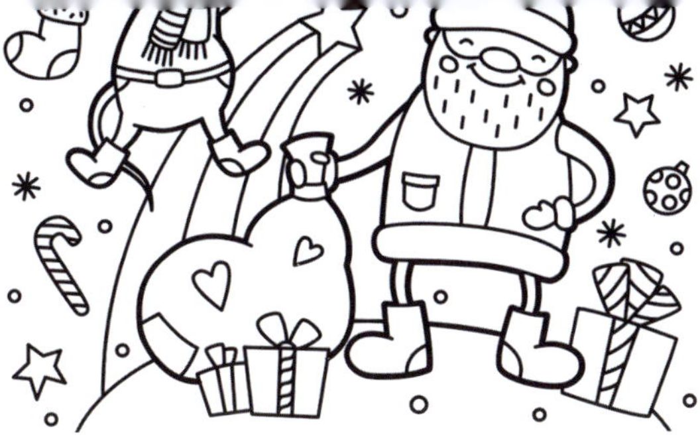

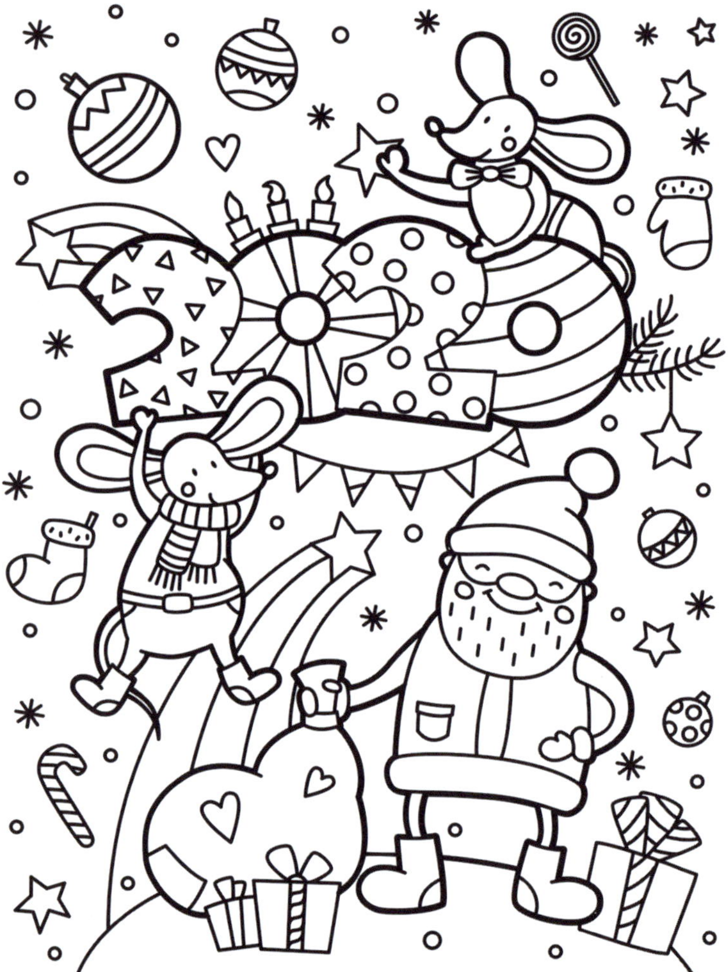

Hay magia en cada pequeño gesto de amor.

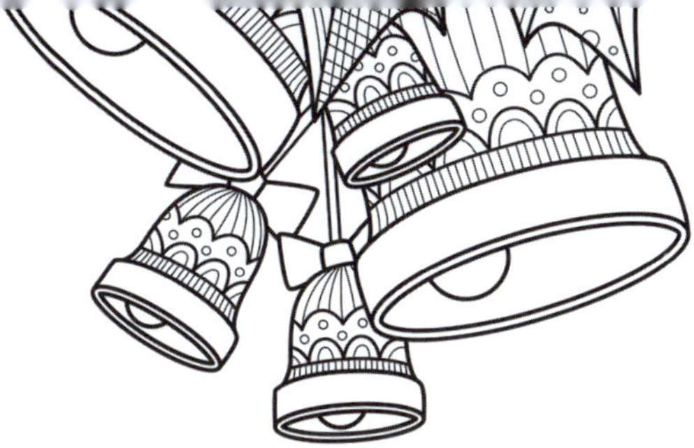

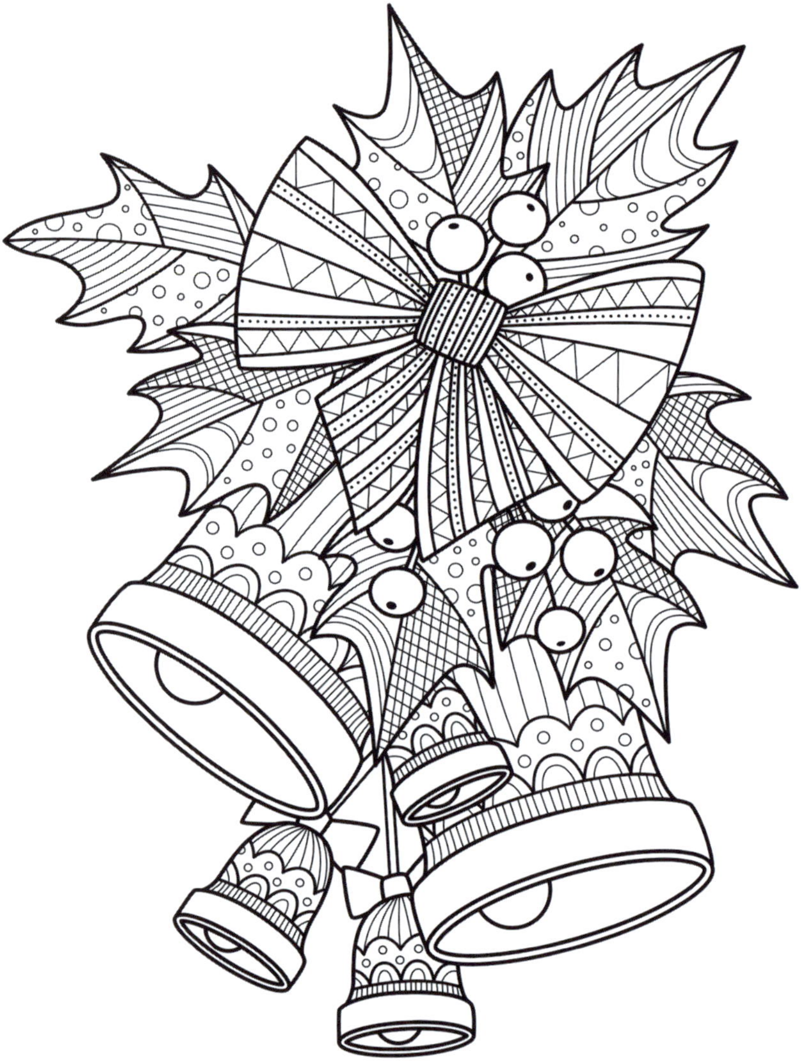

Hoy puede ser un buen día
para empezar a creer en ti.

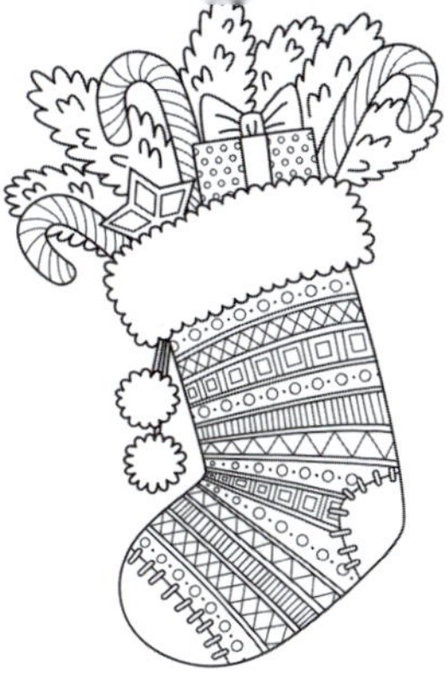

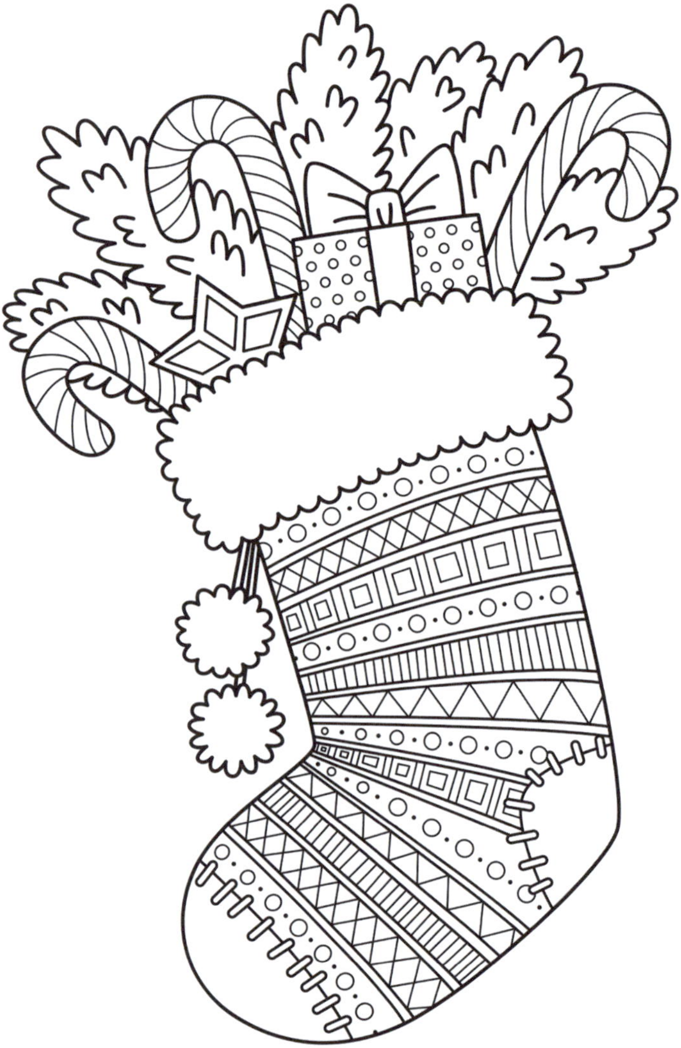

Regálate tiempo, paciencia y comprensión.

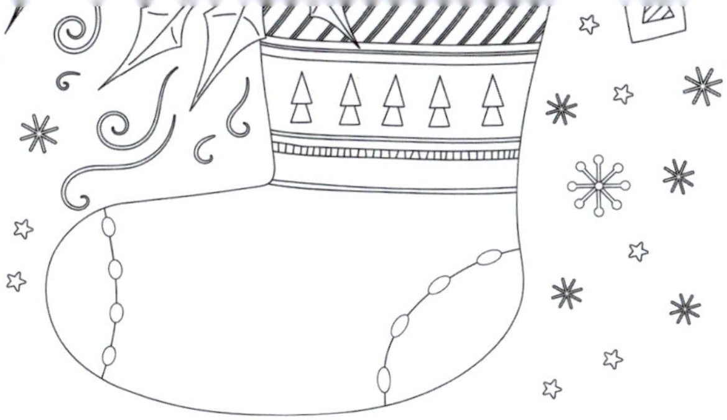

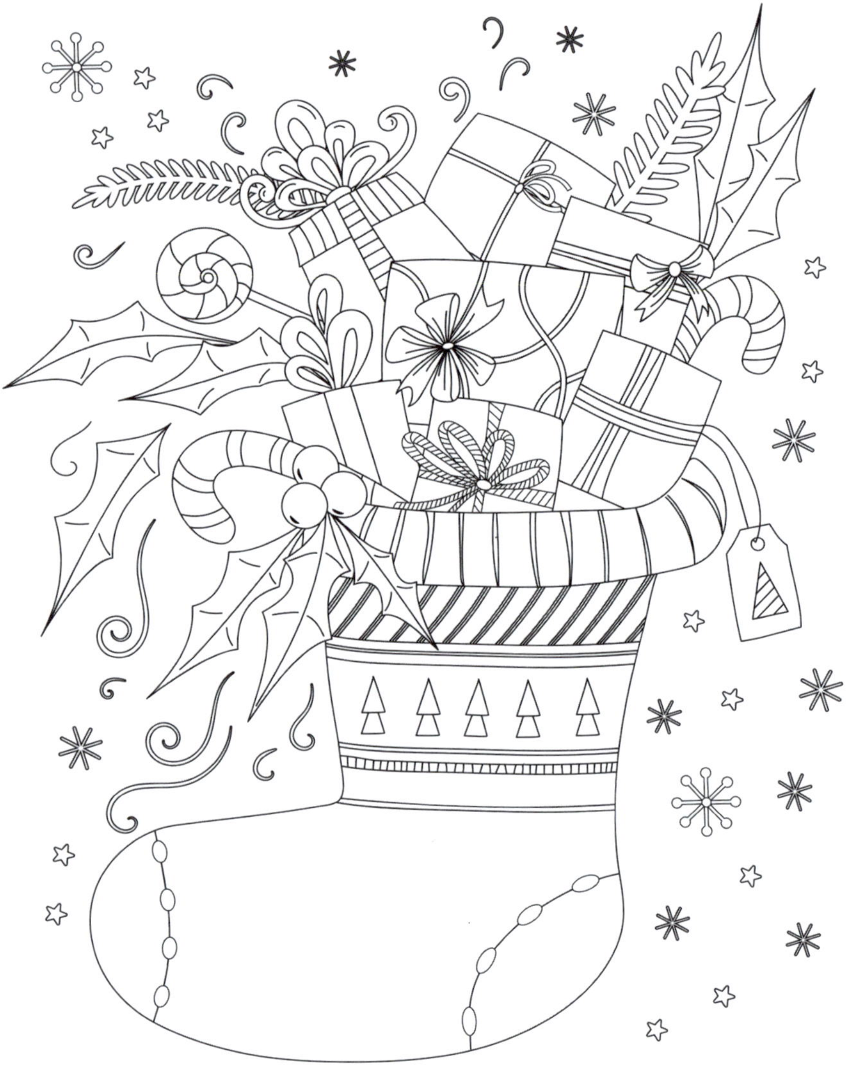

Eres más fuerte de lo que imaginas.

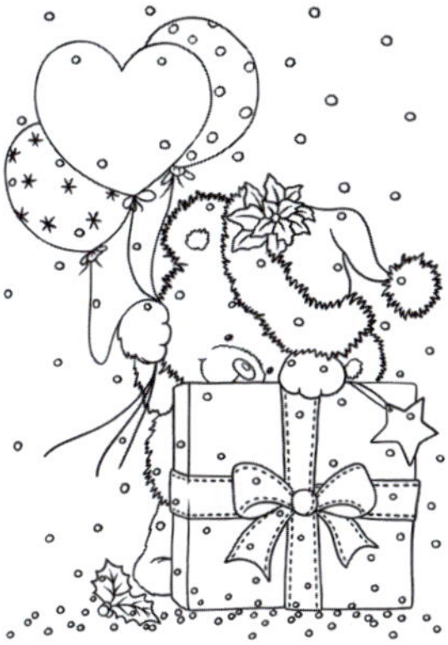

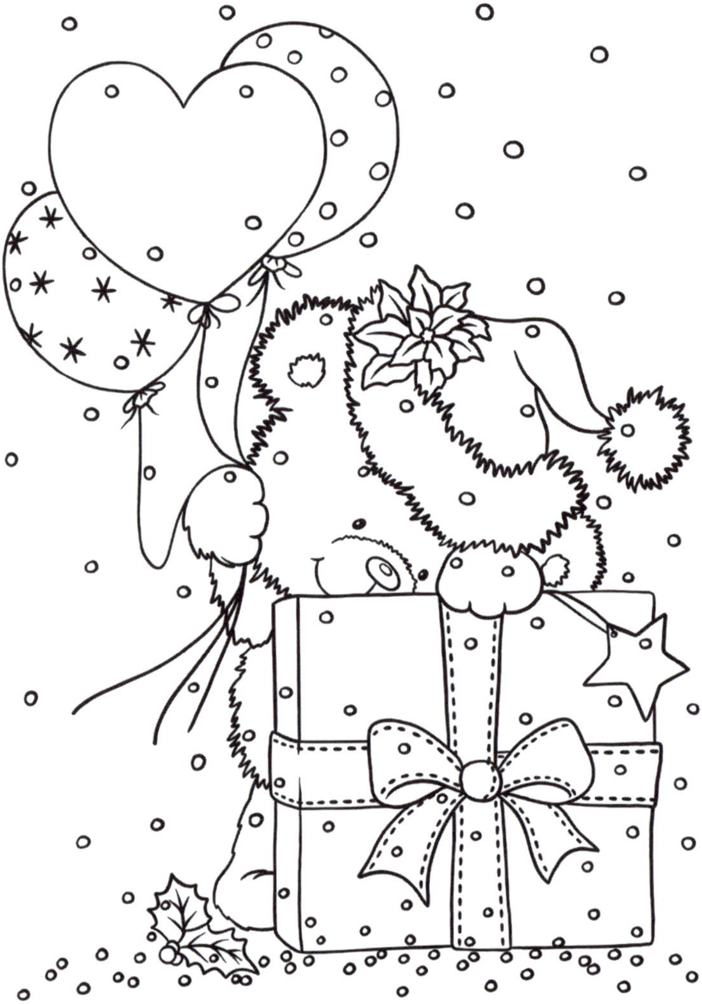

Lo importante no es llegar
antes, sino llegar en paz..

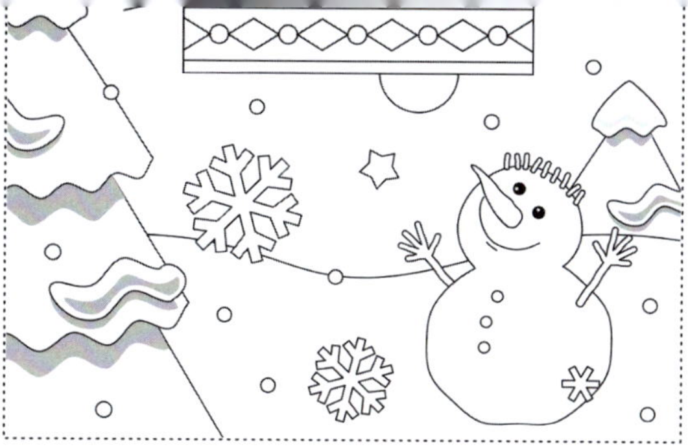

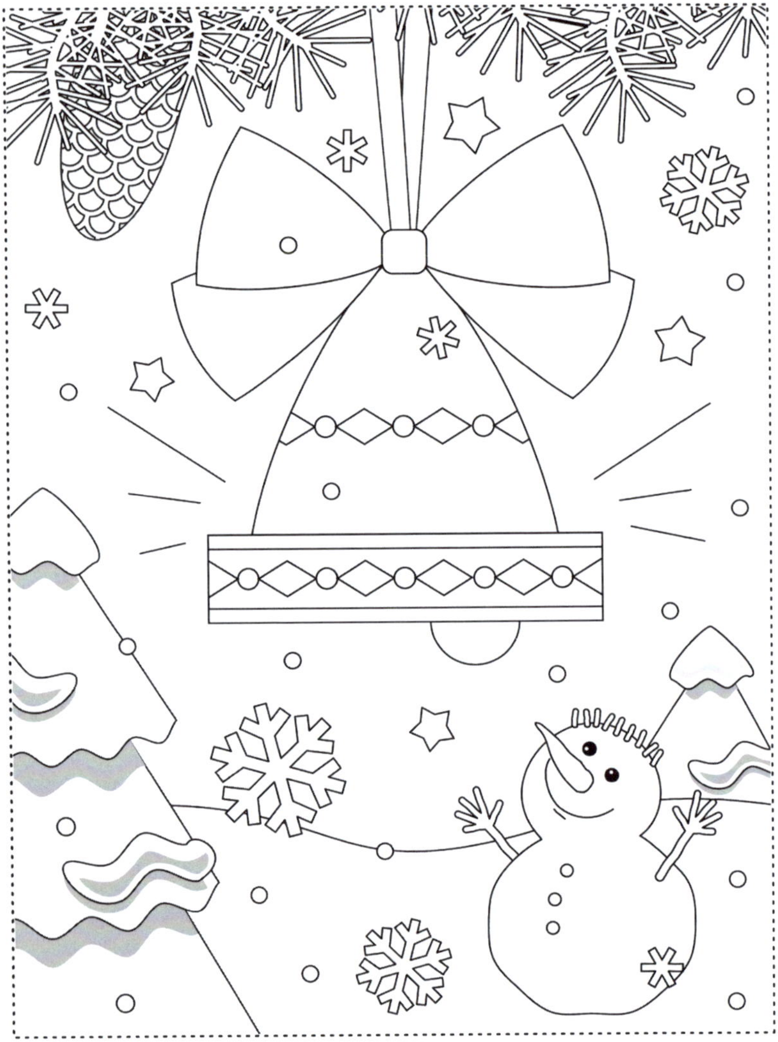

Cada paso que das cuenta,
incluso los más pequeños.

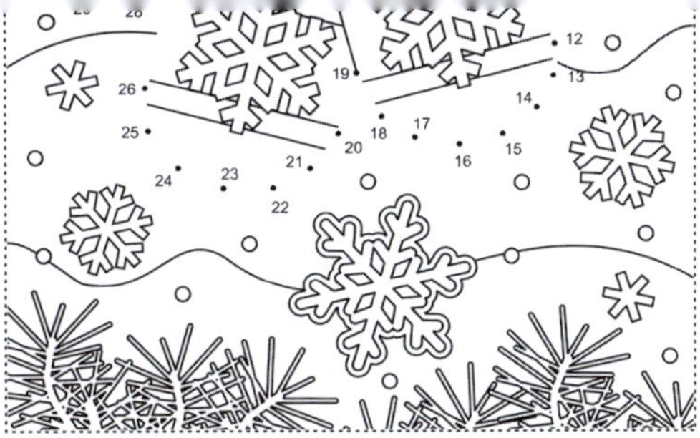

12
13
14
15
16
17
18
19
20
21
22
23
24
25
26

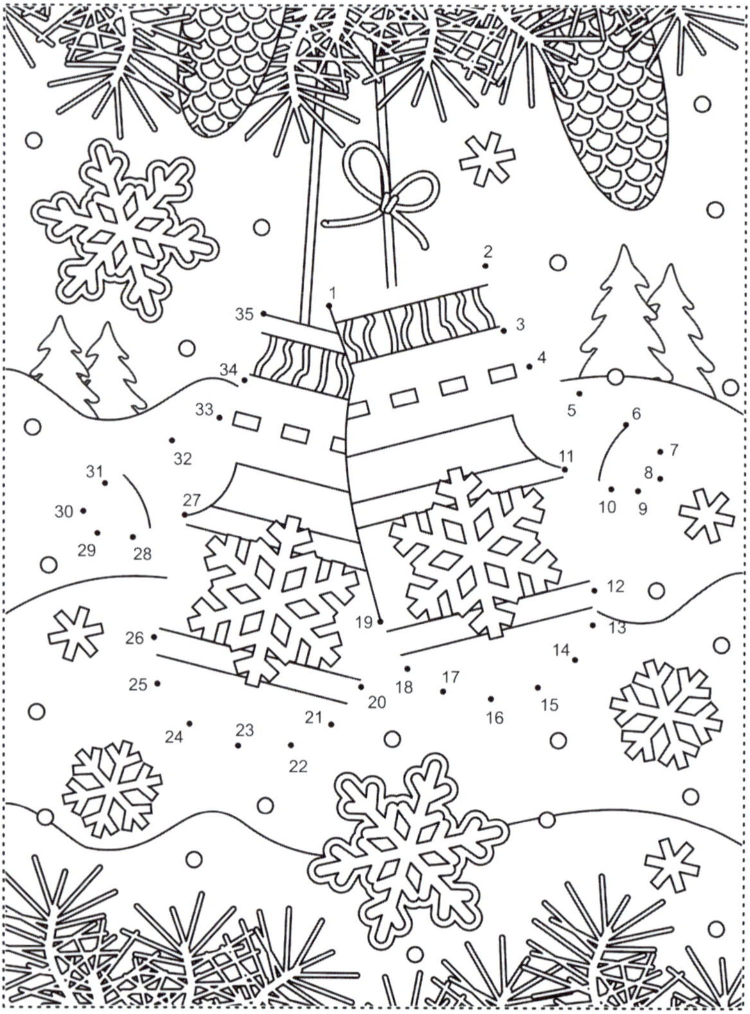

Cuidar de ti también
es un acto de generosidad.

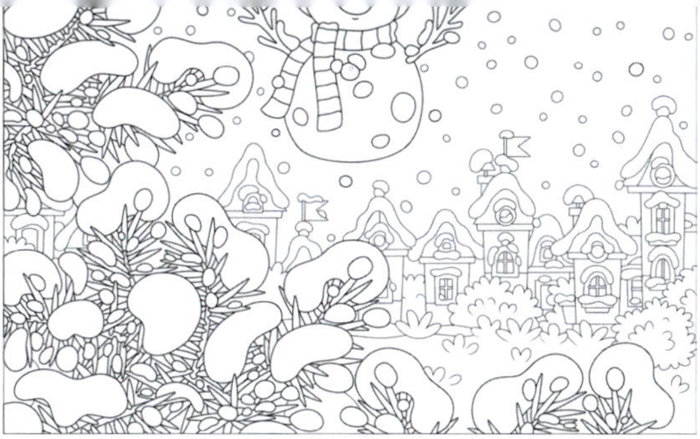

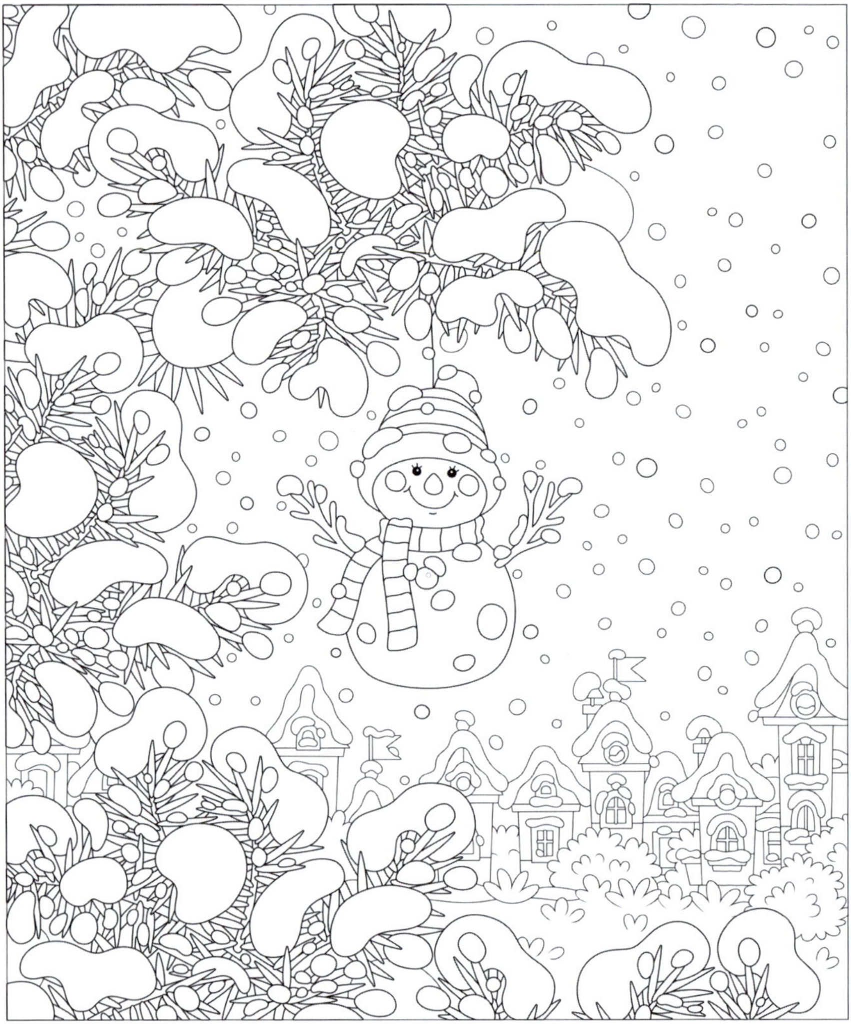

Tienes permiso para descansar,
para soltar, para empezar de nuevo.

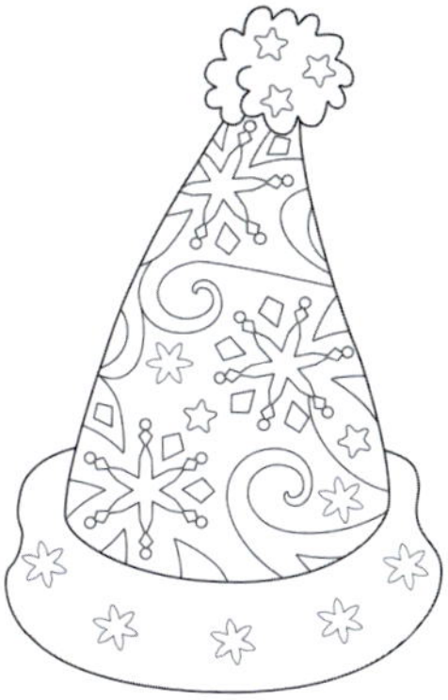

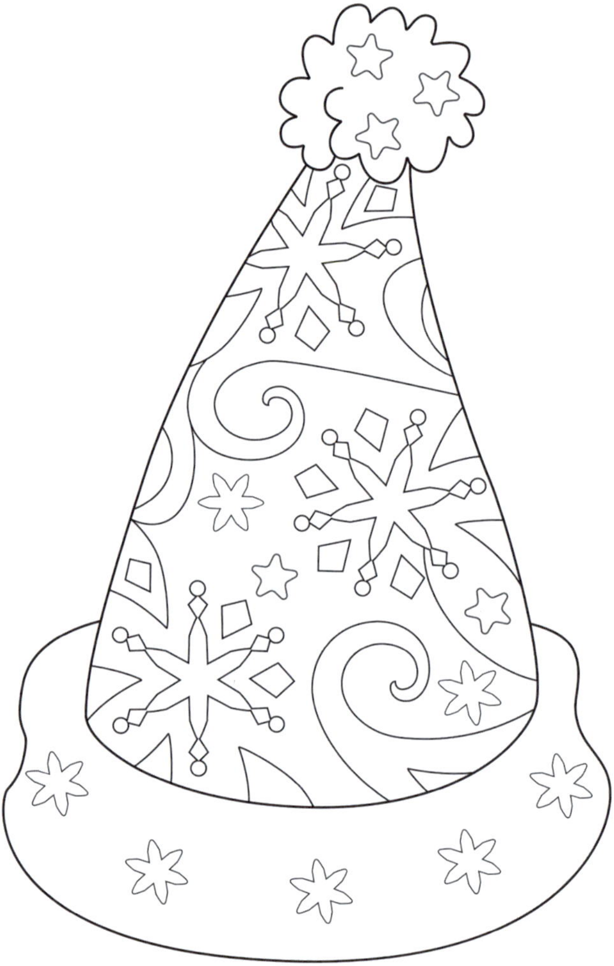

A veces, lo más valiente,
es parar y escuchar(te).

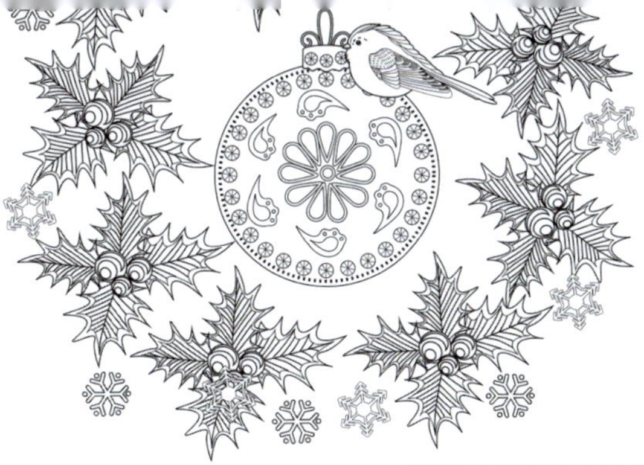

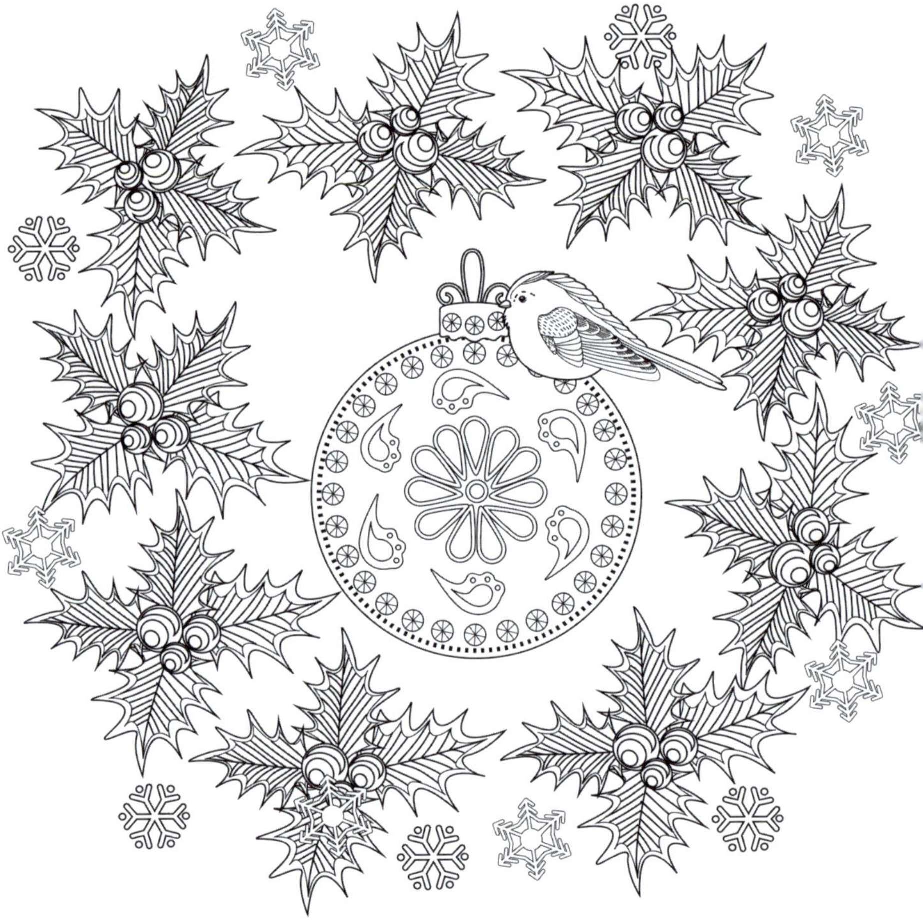

Lo que haces con el corazón
nunca pasa desapercibido.

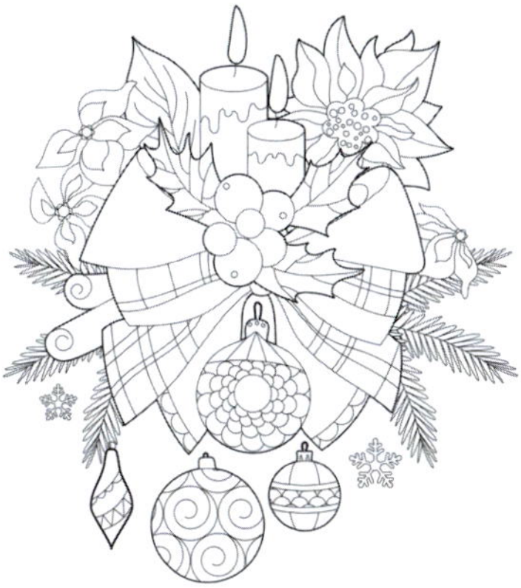

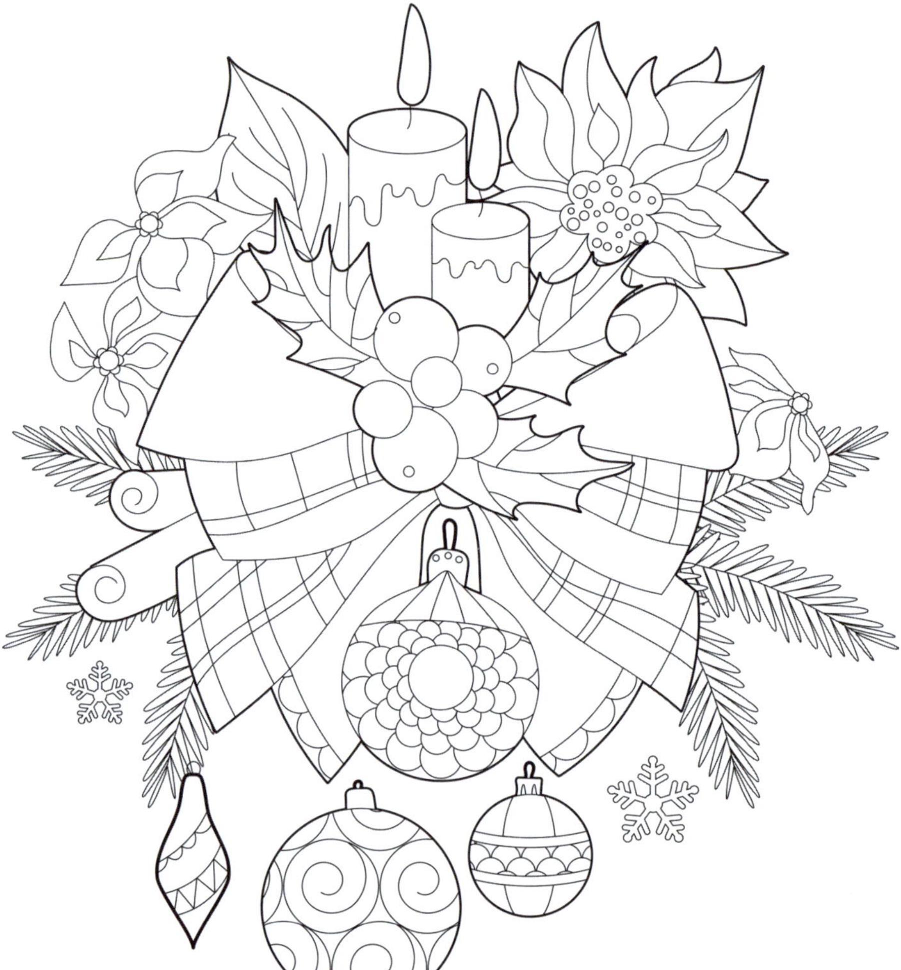

Confía: todo llega, todo pasa,
todo se transforma.

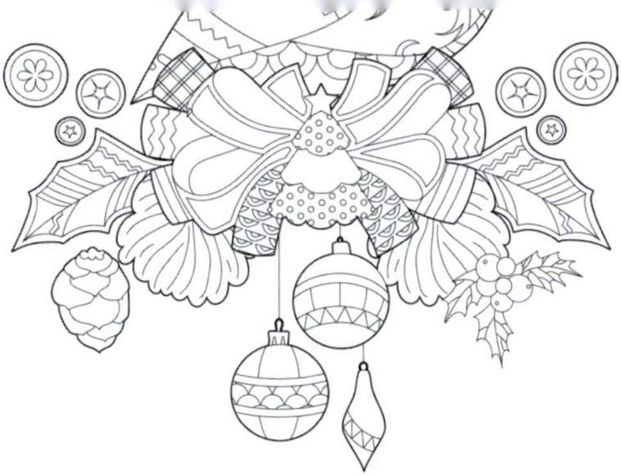

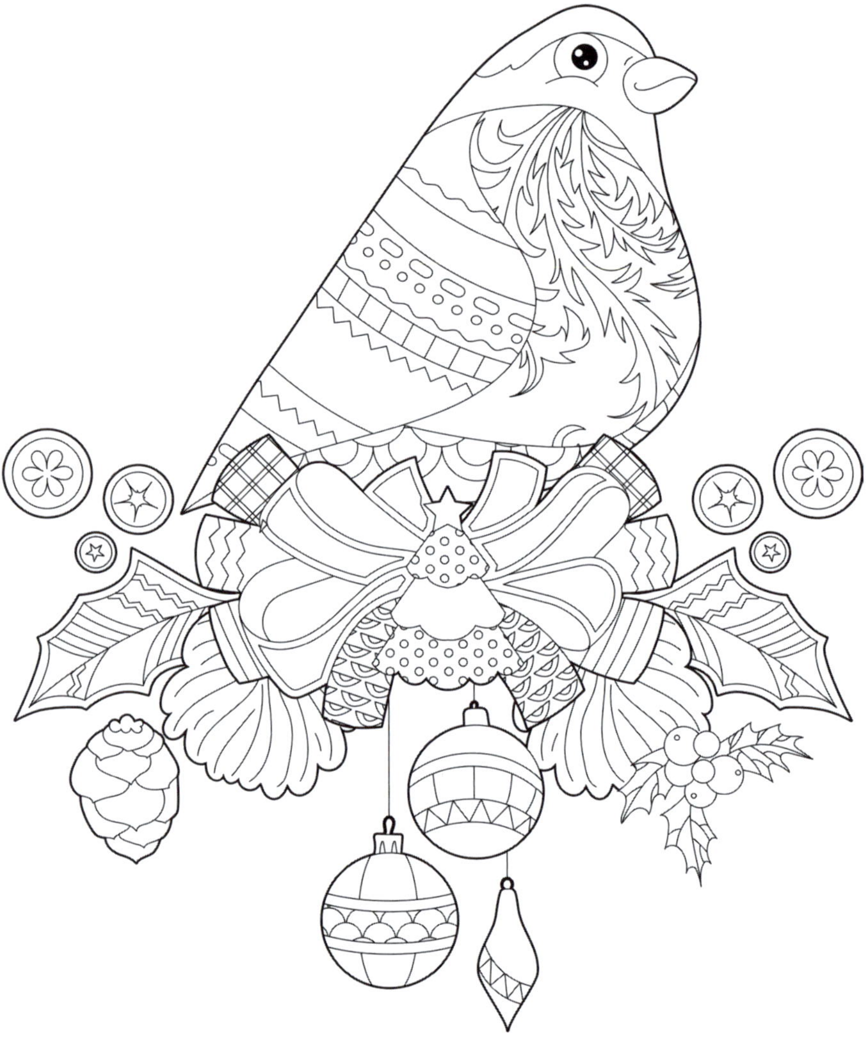

No subestimes el poder de un pequeño detalle.

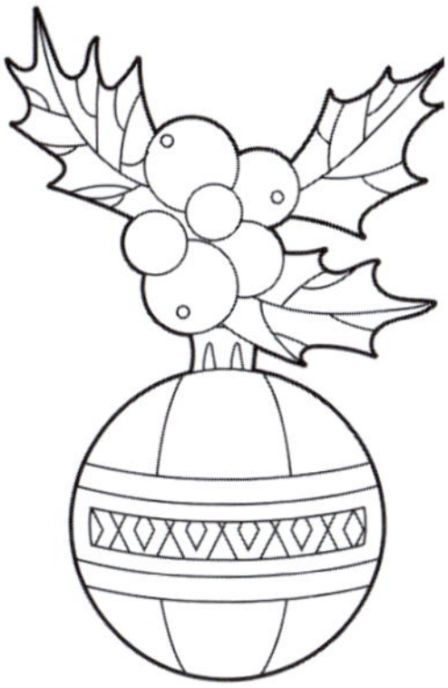

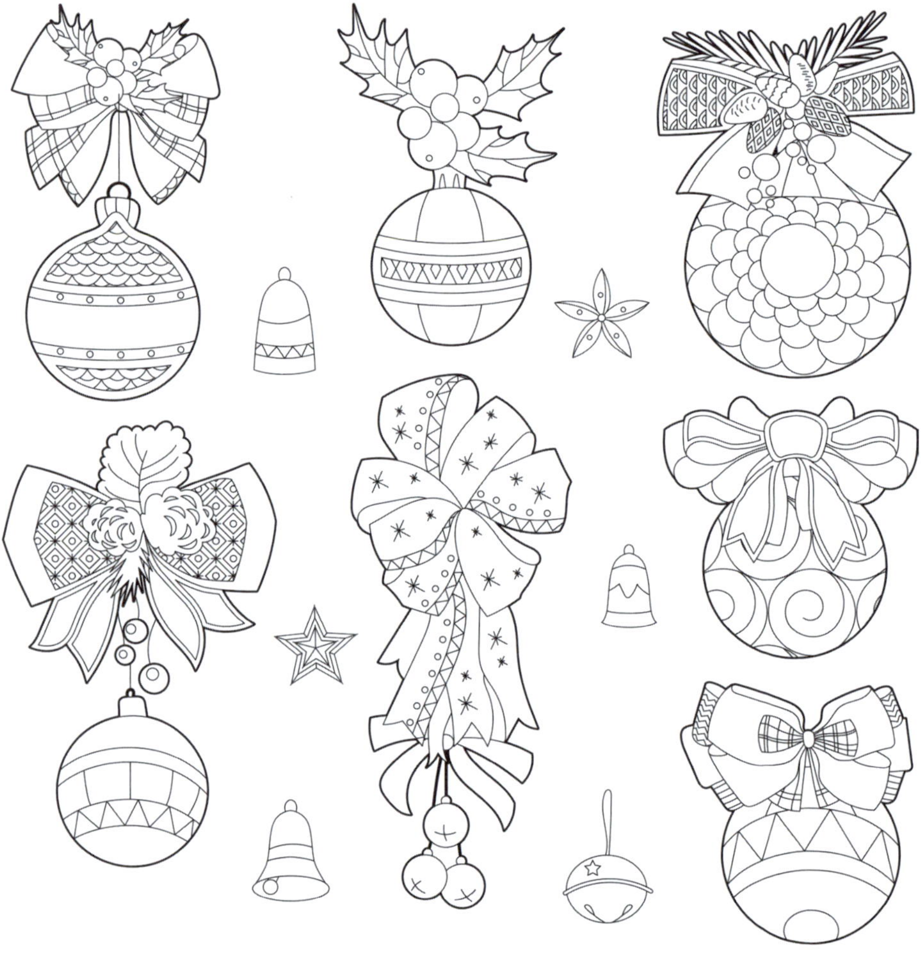

Sigue brillando a tu manera,
sin prisa y sin ruido.

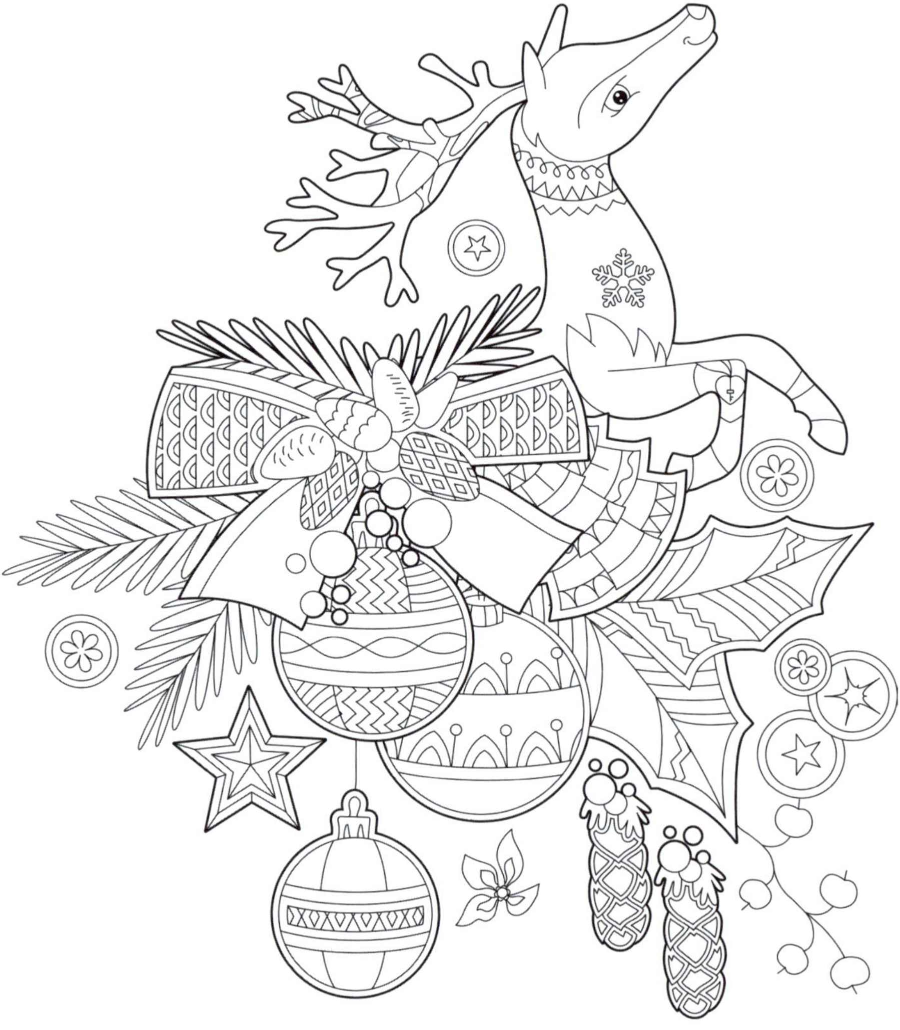

La belleza nace cuando te permites ser tú.

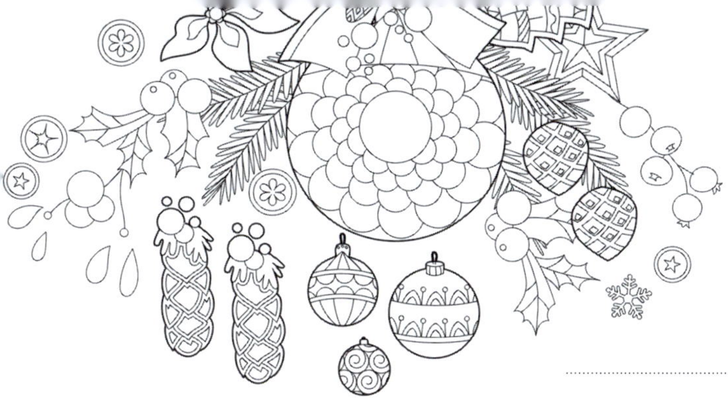

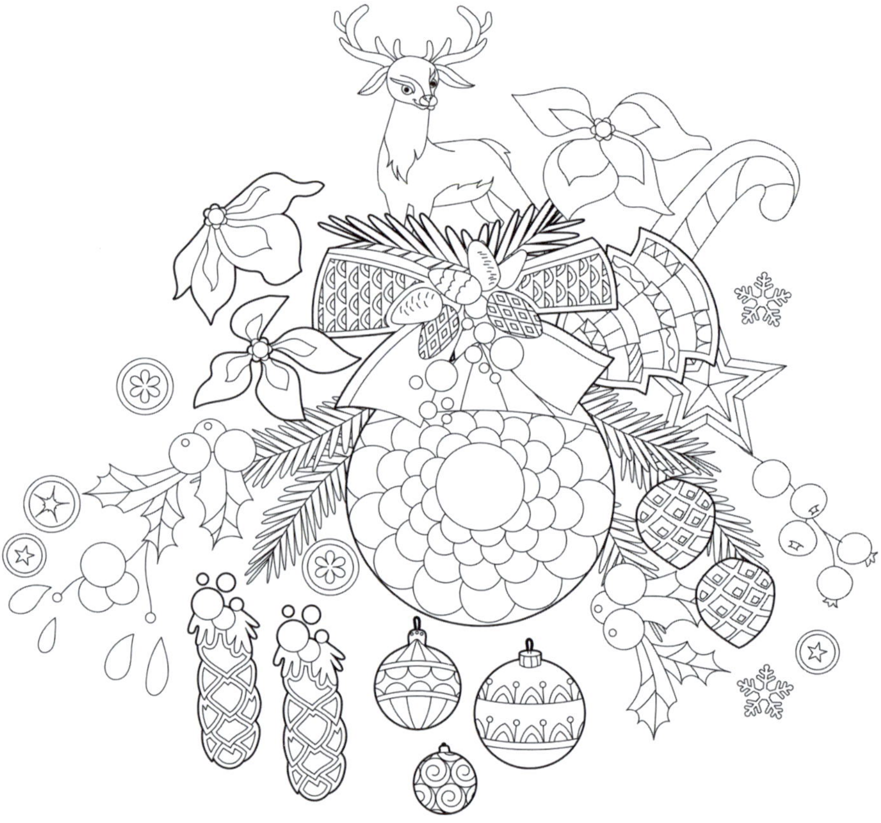

Estás construyendo algo bonito,
aunque aún no lo veas del todo.

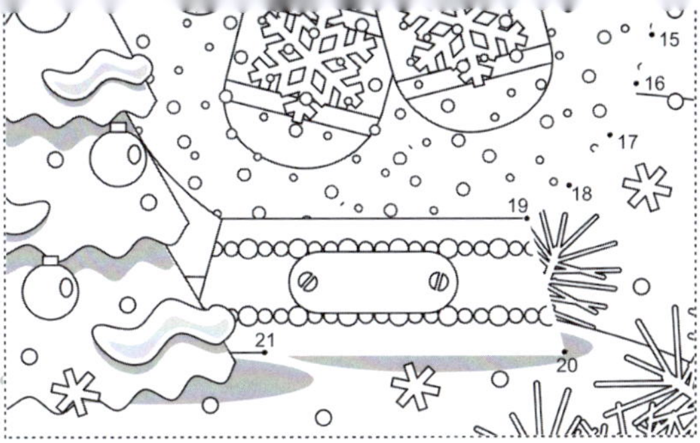
15
16
17
18
19
20
21

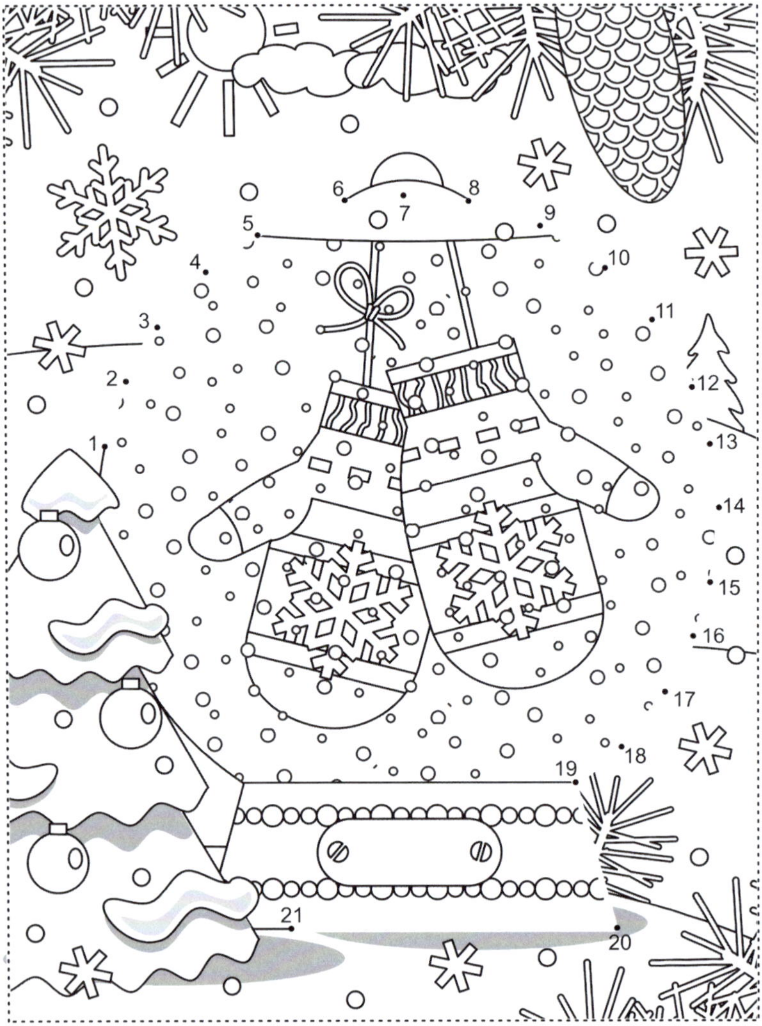

Agradece lo que tienes, valora lo que eres,
cuida lo que amas.

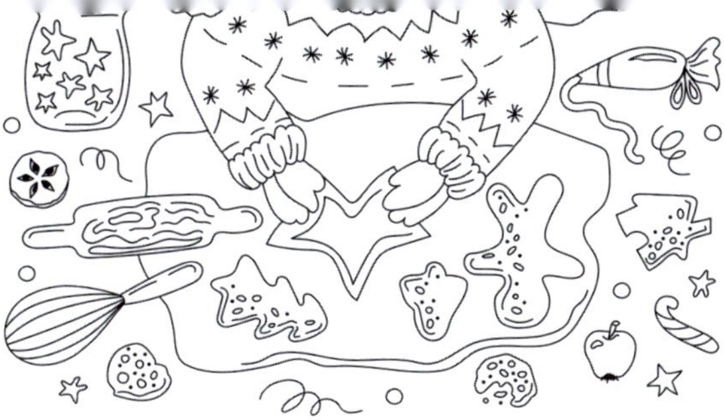

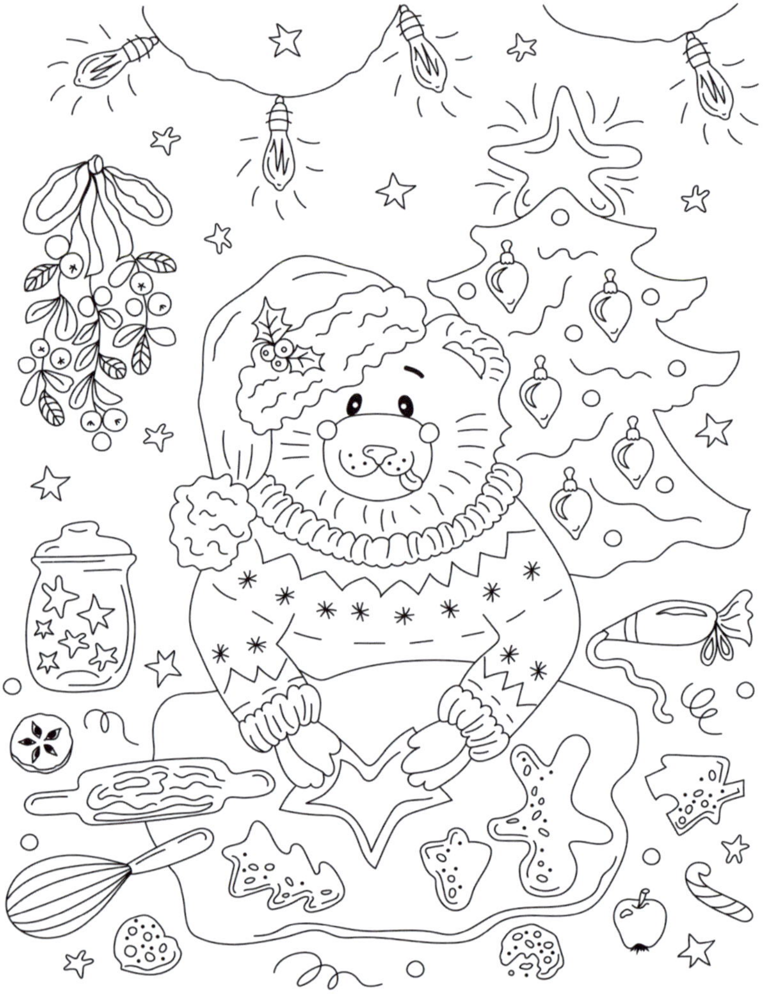

A veces, el primer paso
es creer que puedes.

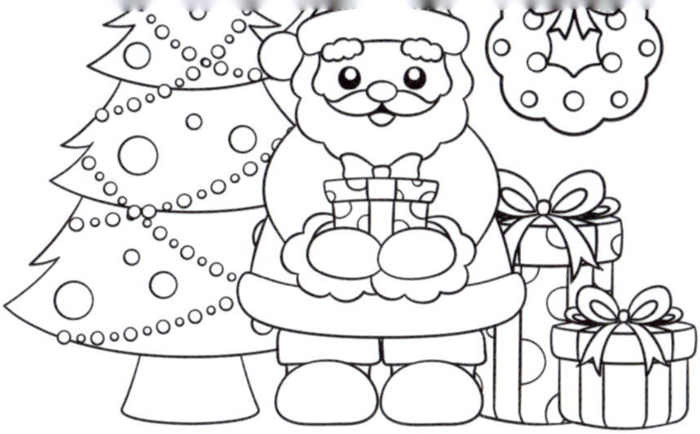

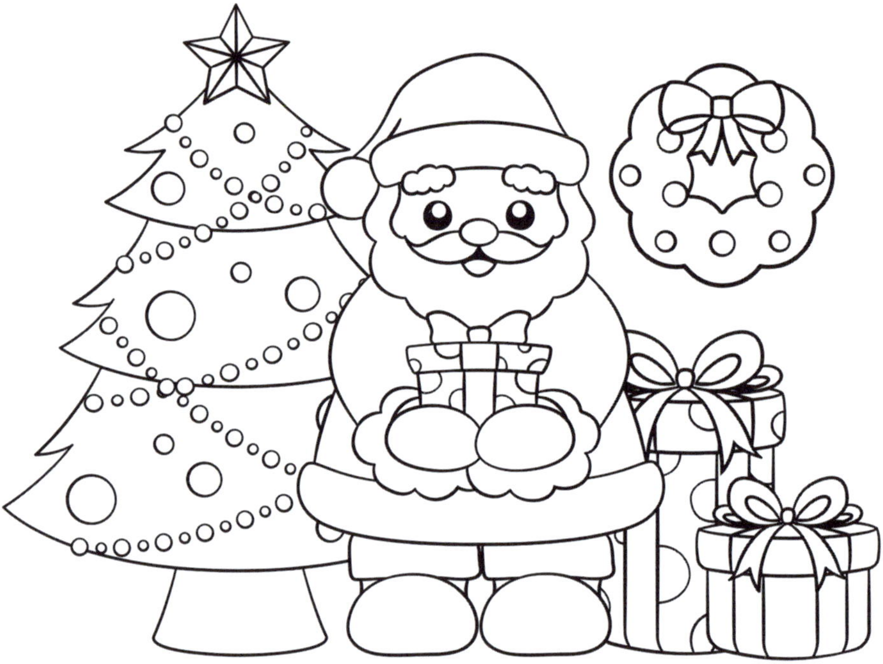

Cada persona deja una huella única.
Esta es la tuya.

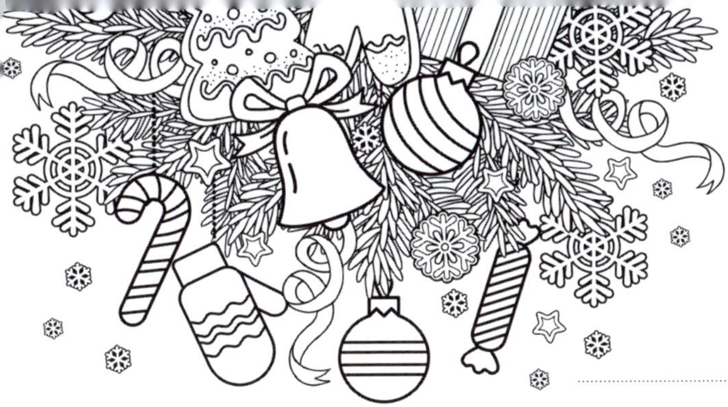

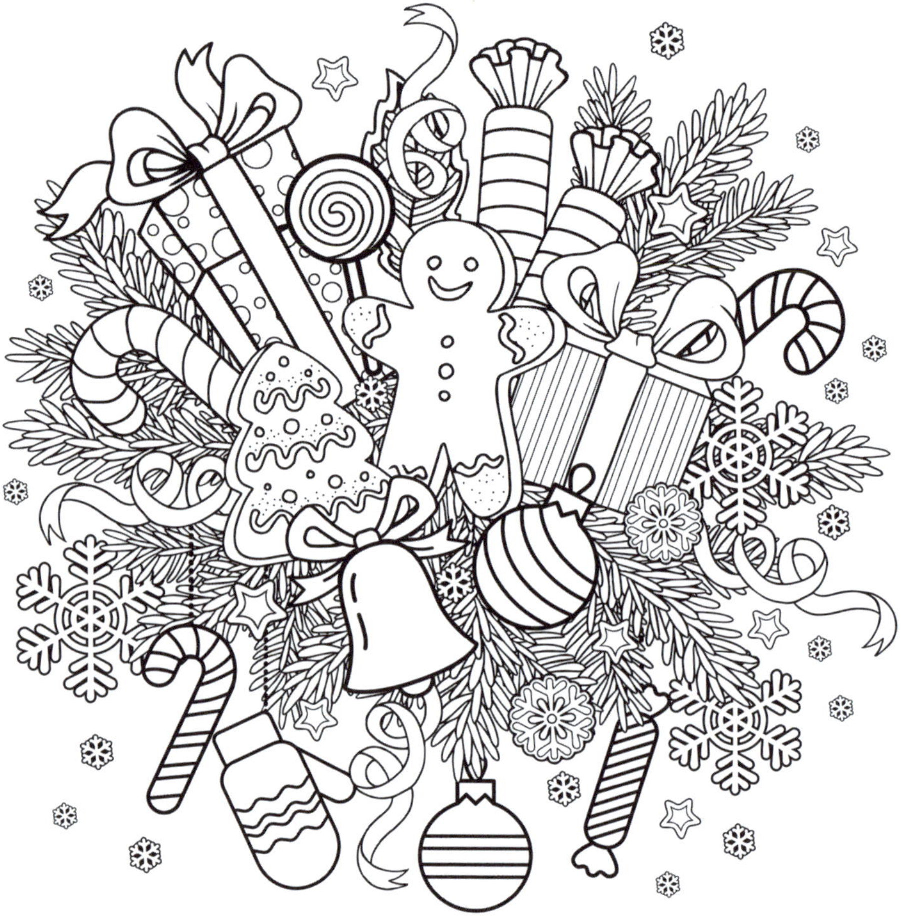

*Tú también mereces todo
el amor que das.*

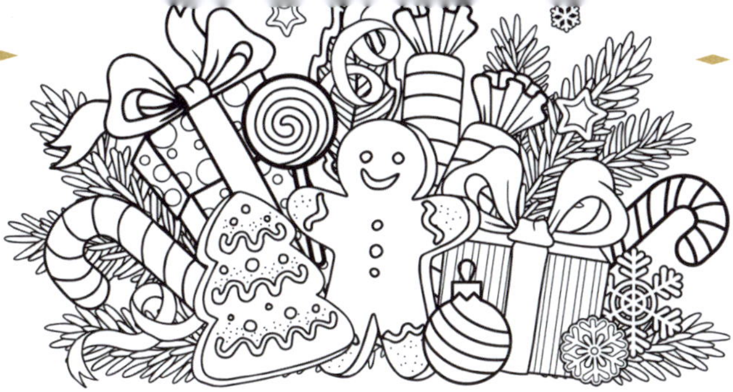

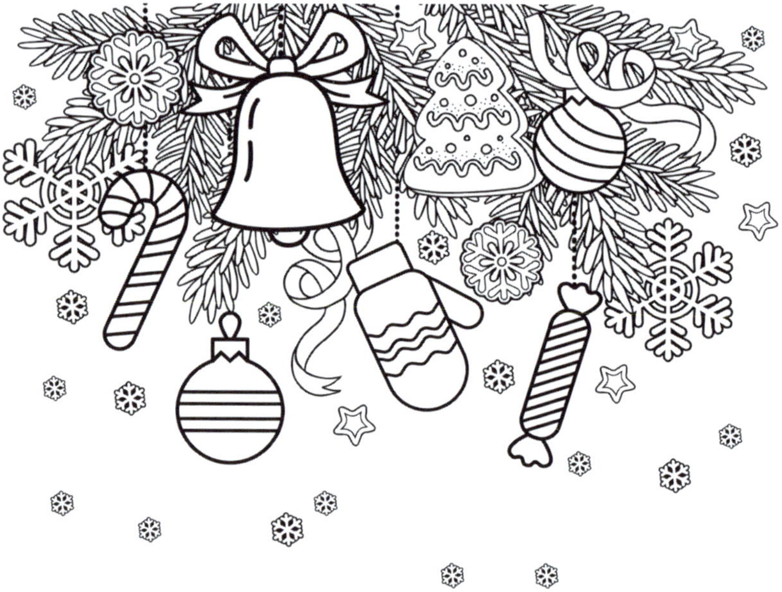

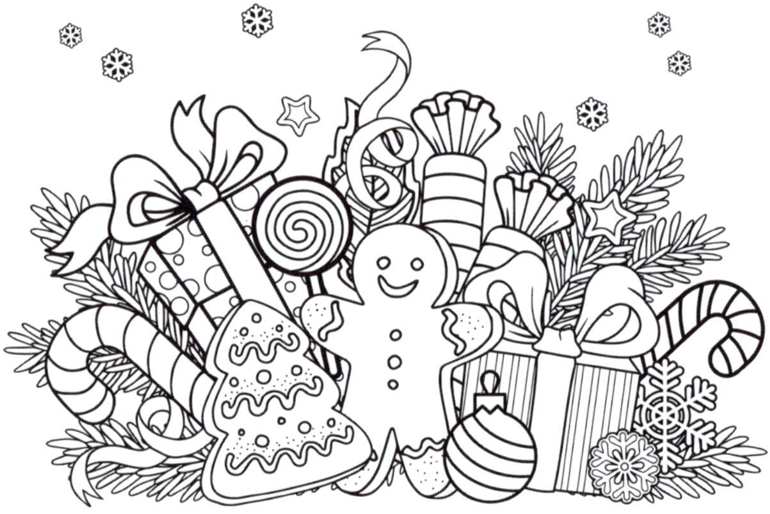

Tu valor no depende de lo que haces,
sino de quién eres.

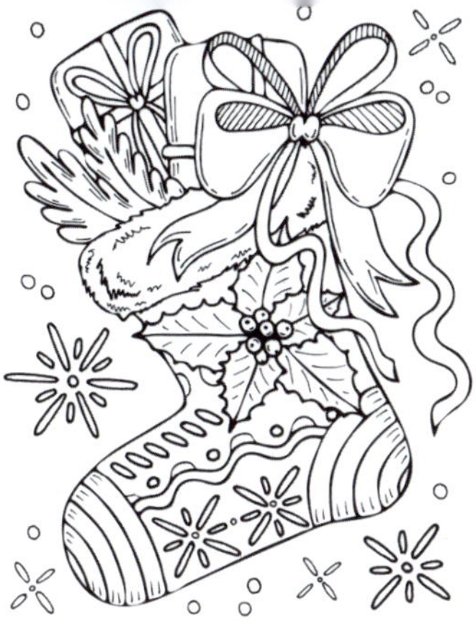

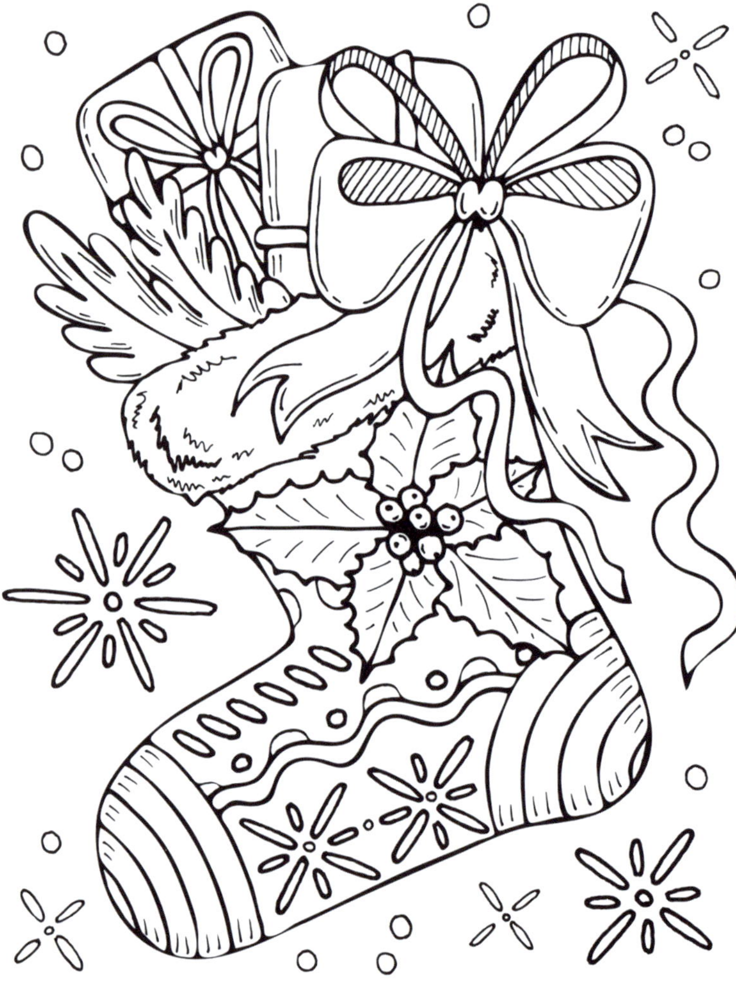

Hay algo dentro de ti
que merece ser celebrado.

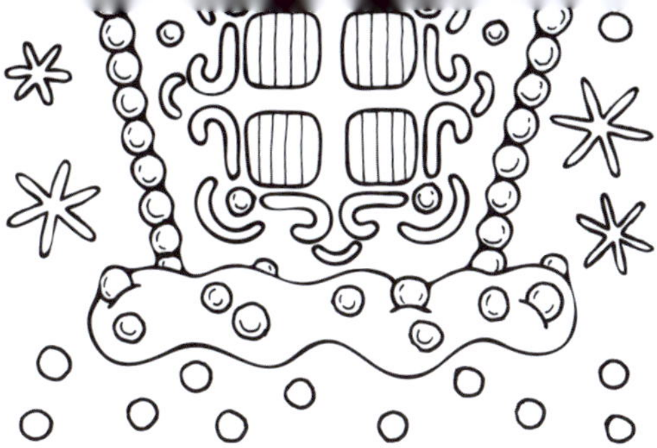

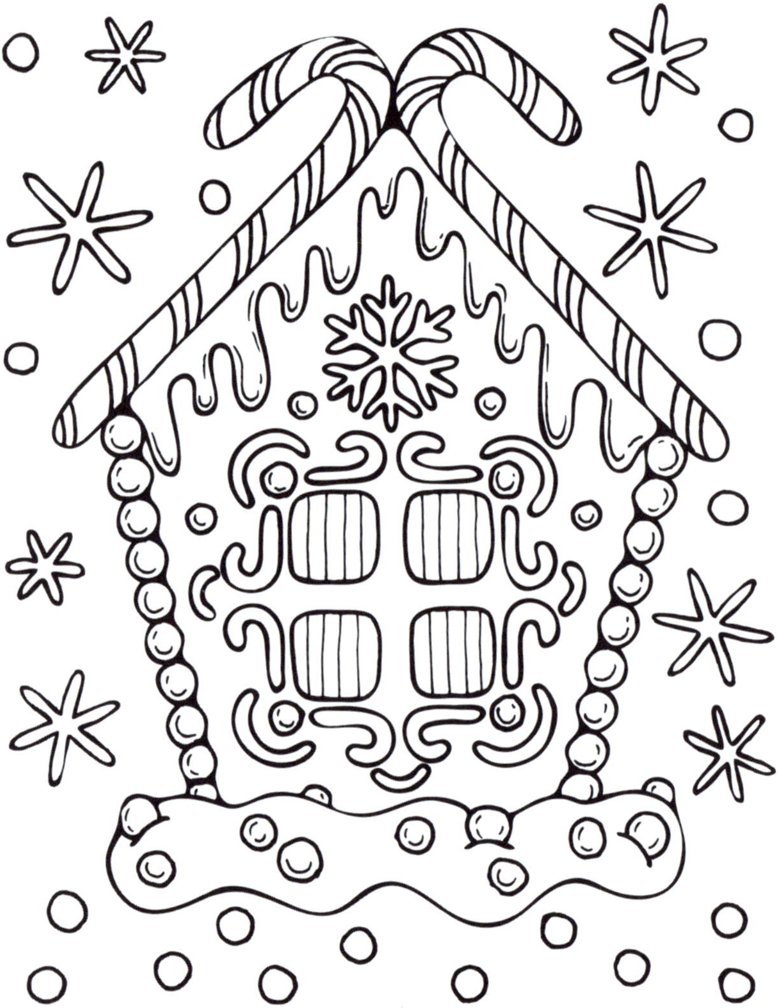

Incluso en los días grises, puedes ser luz.

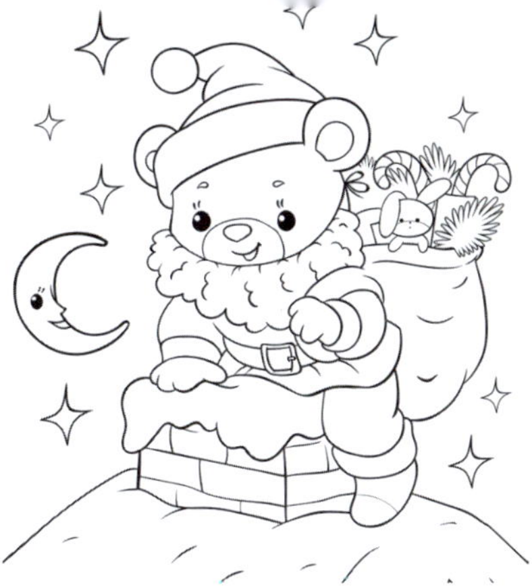

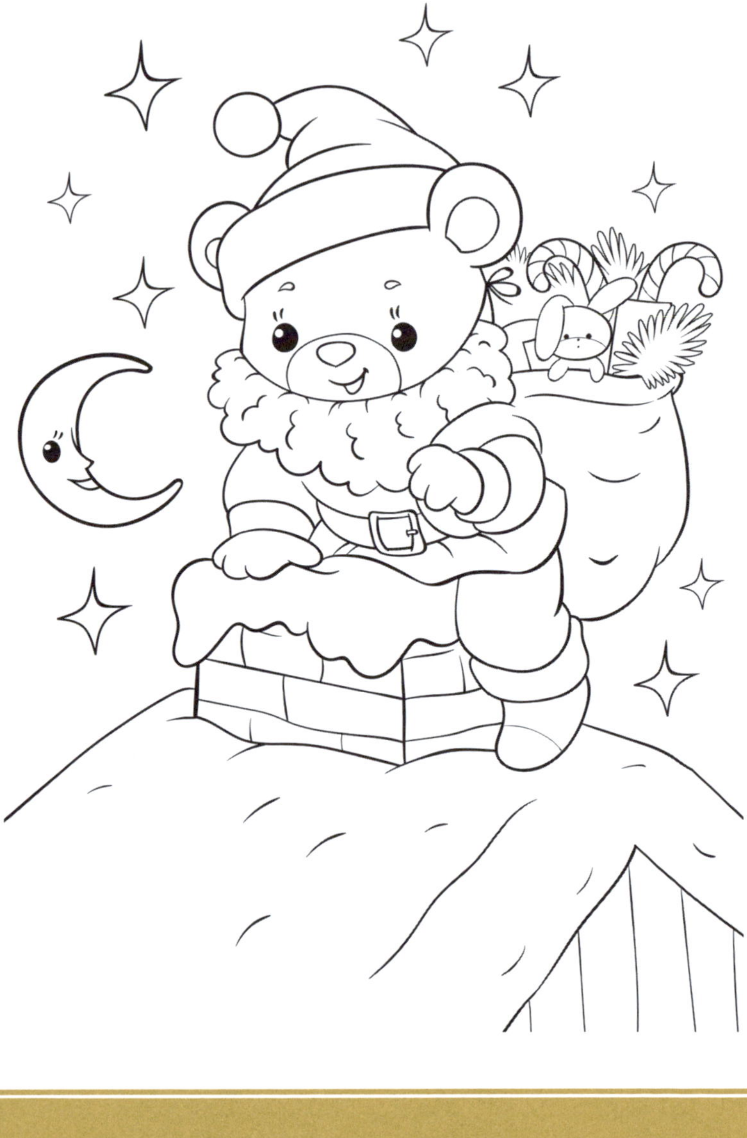

Eres suficiente, ahora y siempre.

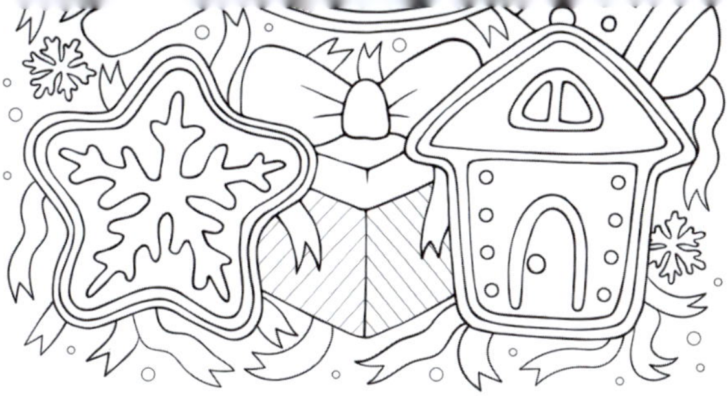

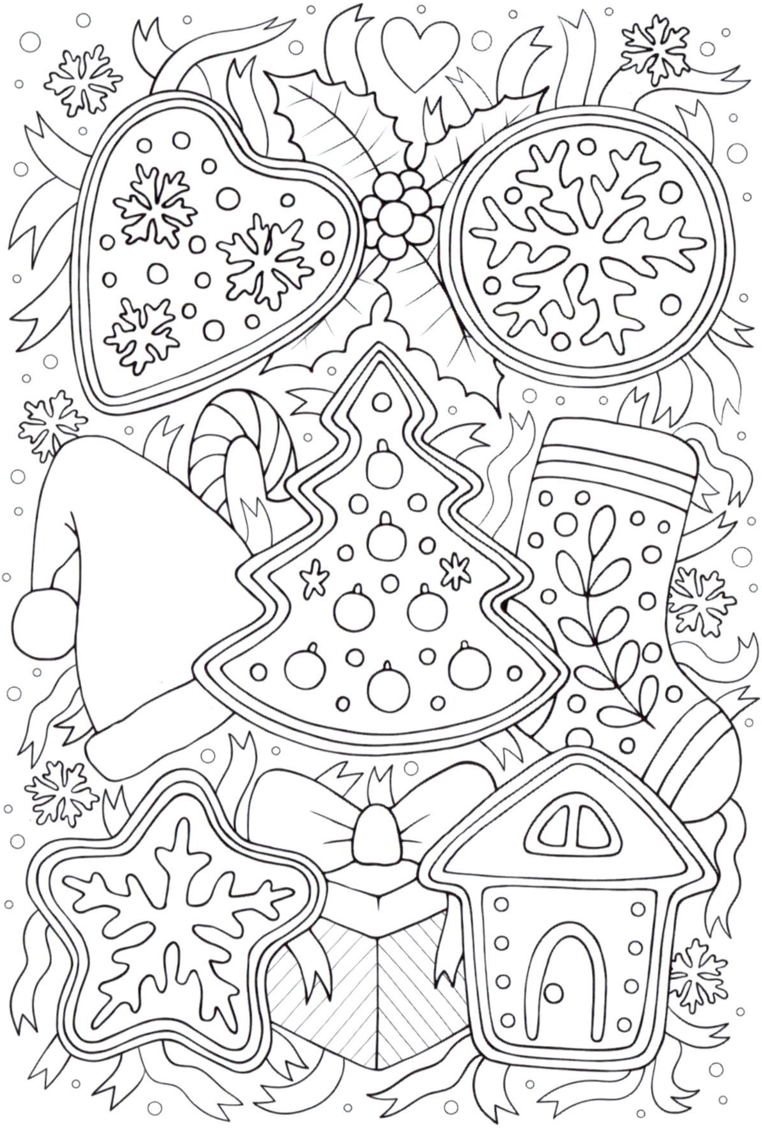

Lo que hoy parece pequeño,
mañana puede ser un gran avance.

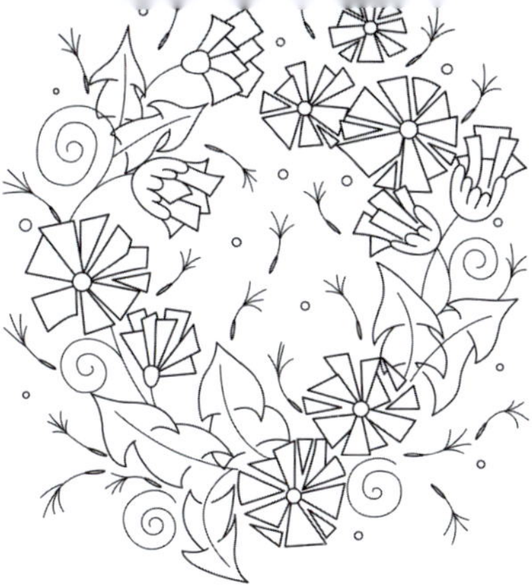

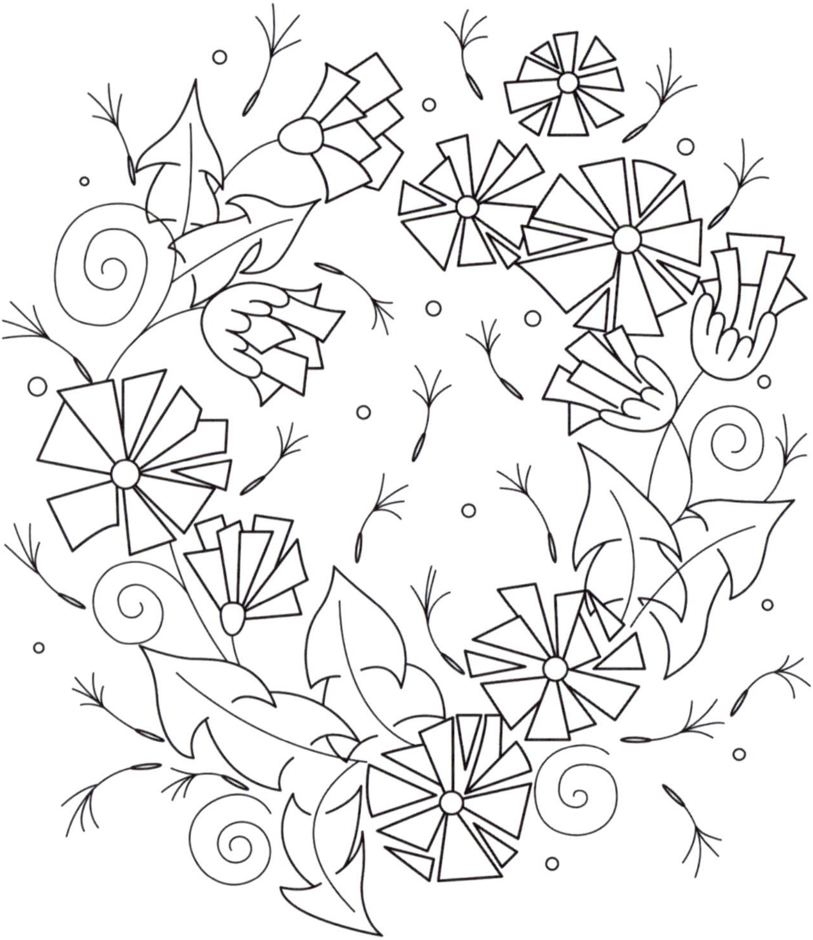

Confía en el proceso, aunque aún no veas el resultado.

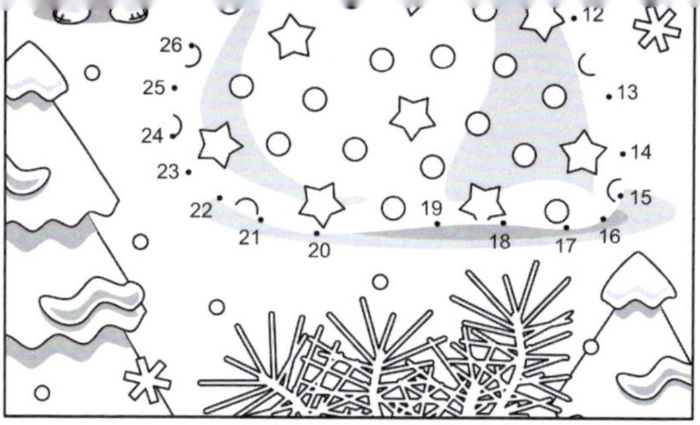
12
26
25
13
24
14
23
15
22
19
21
20
18
17
16

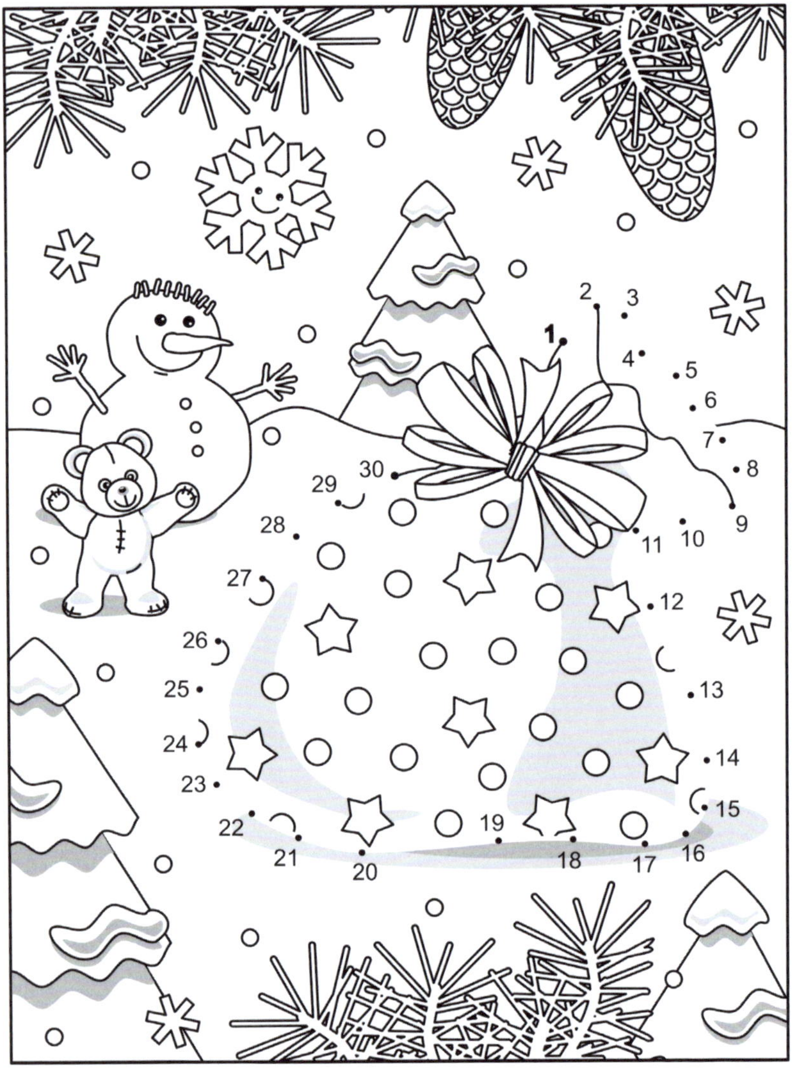

La ternura también es una forma de fuerza.

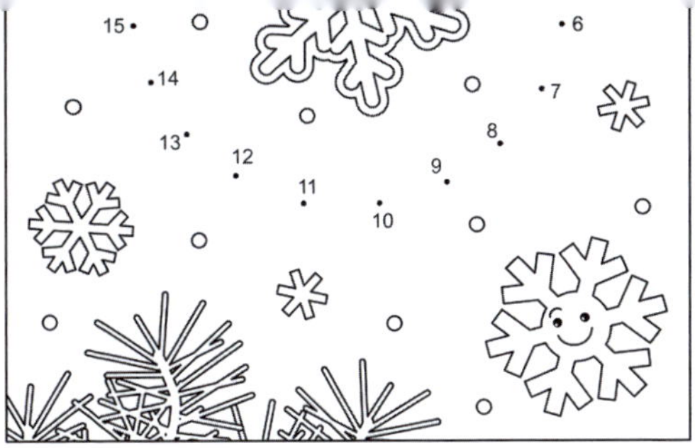
15
6
14
7
13
8
12
9
11
10

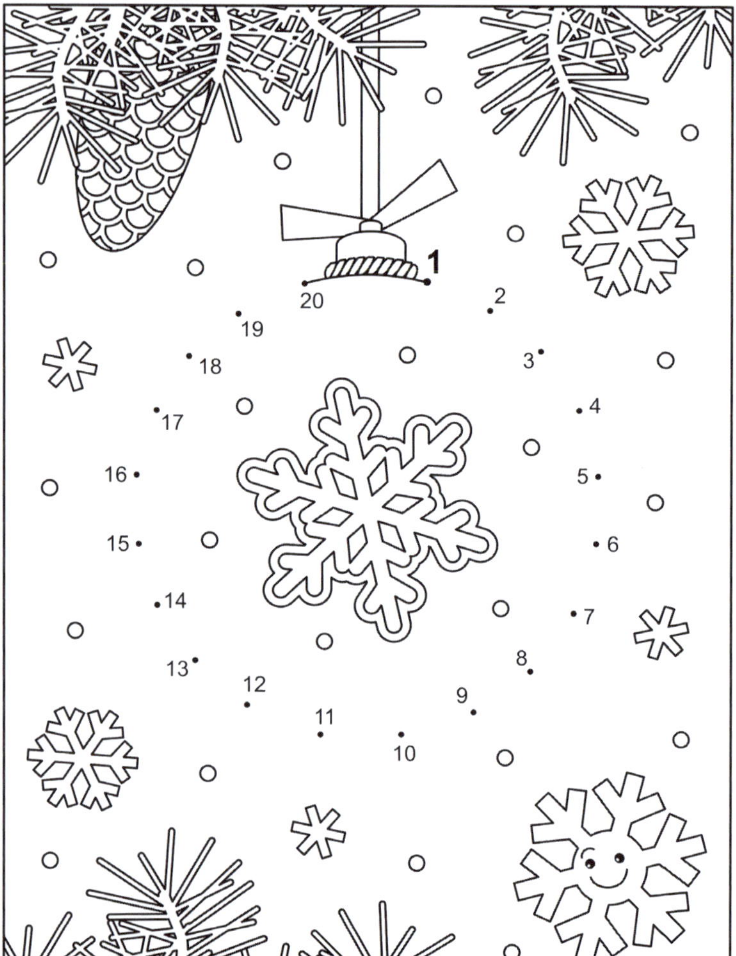

Que nunca se te olvide
lo lejos que has llegado.

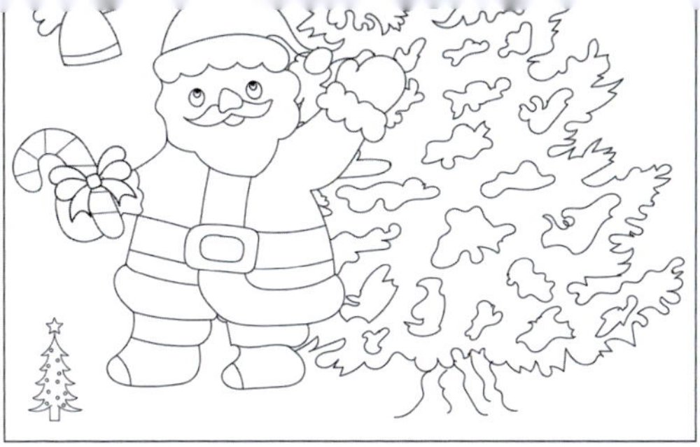

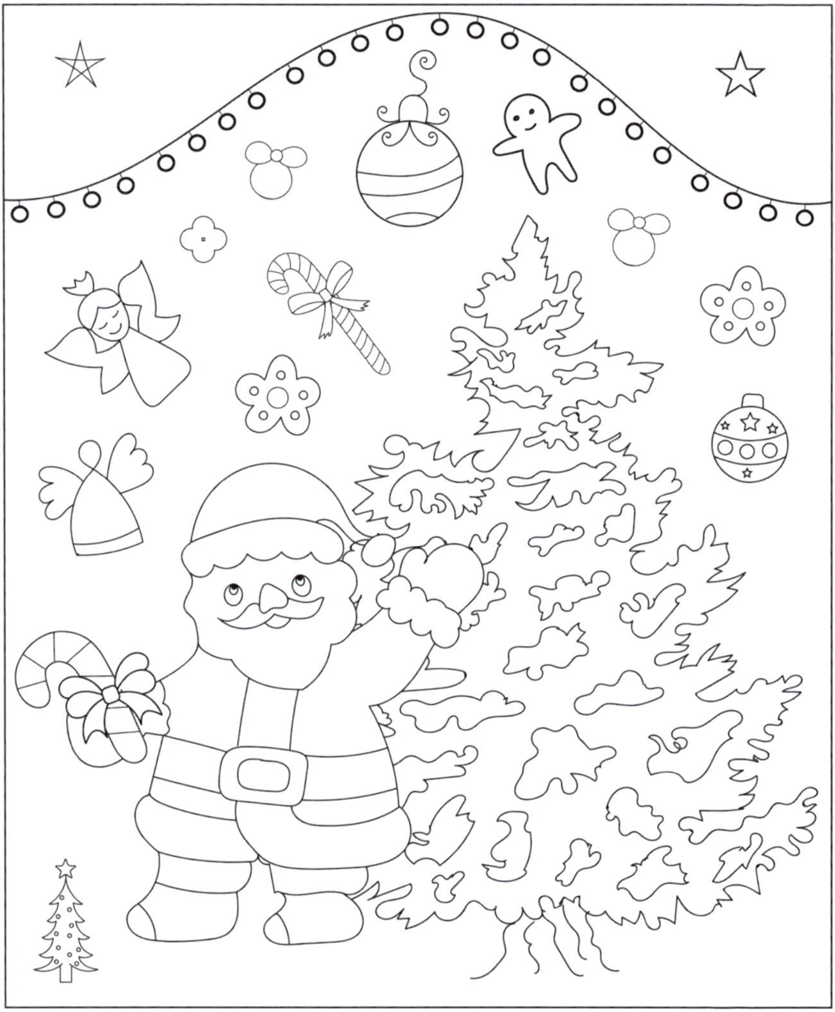

Lo que siembras hoy,
florecerá a su debido tiempo.

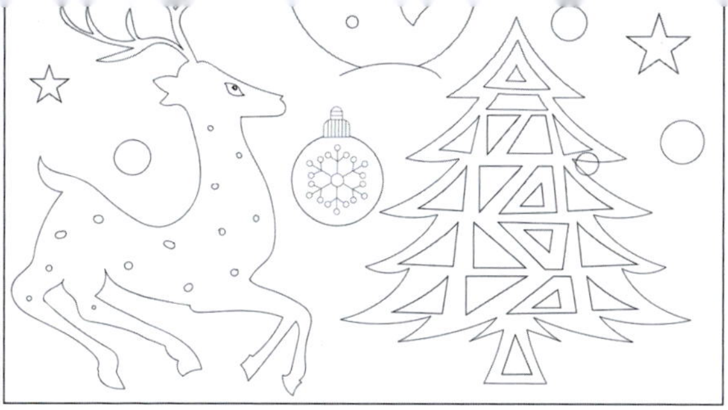

Hay calma esperando
al otro lado del caos.

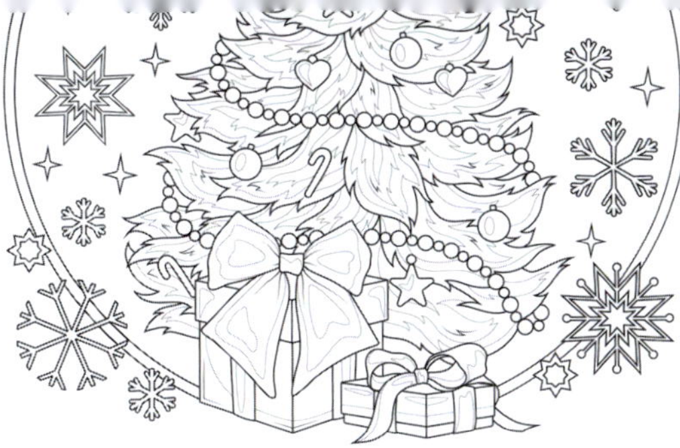

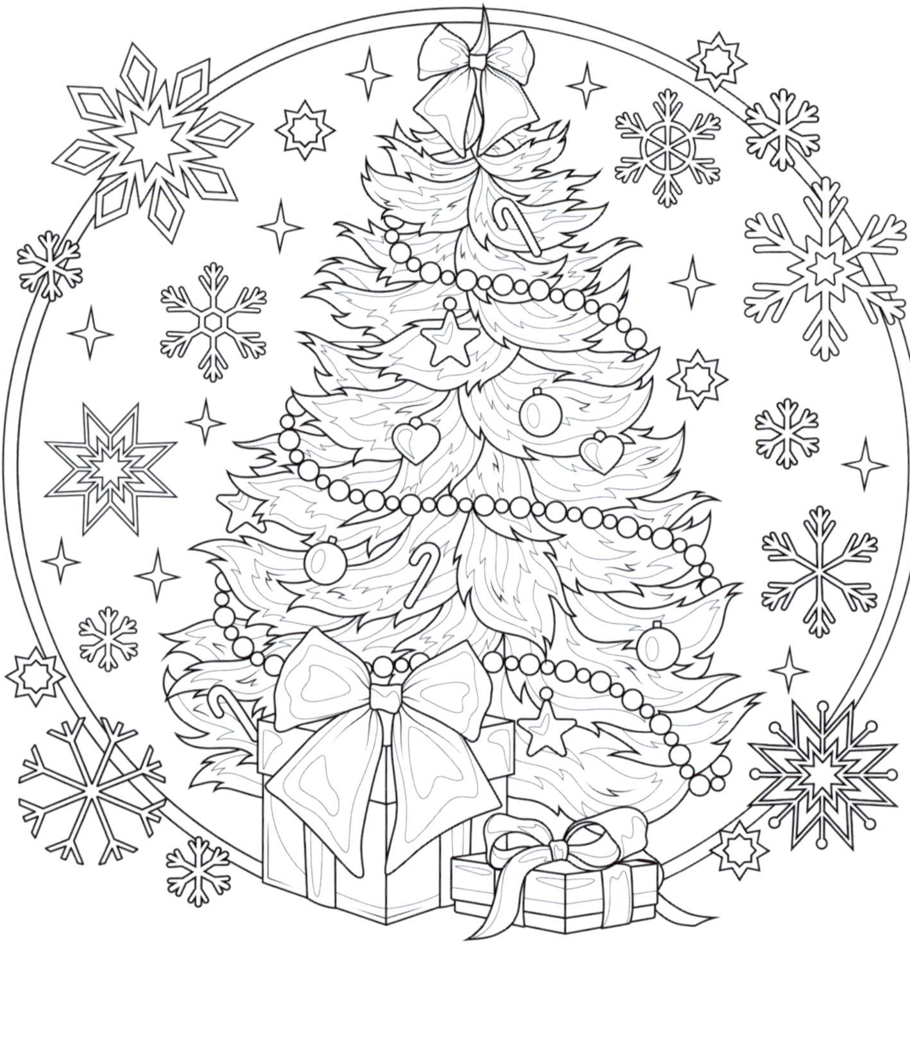

Eres parte de algo más grande y maravilloso.

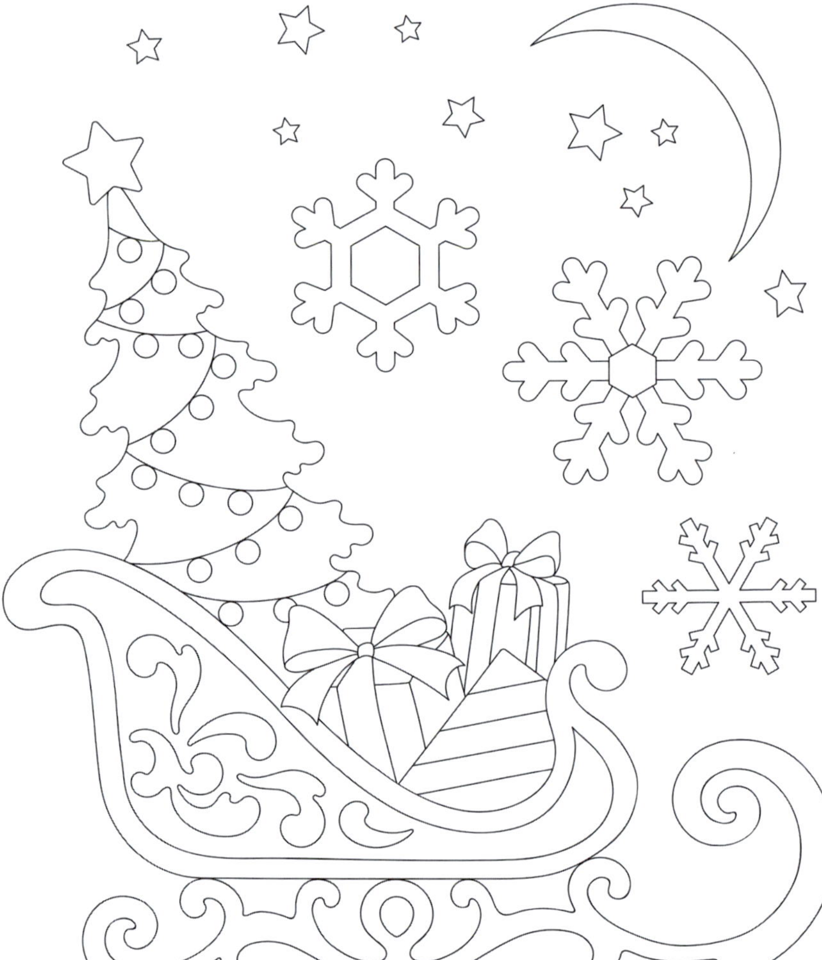

Tu manera de ver el mundo
también es un regalo.

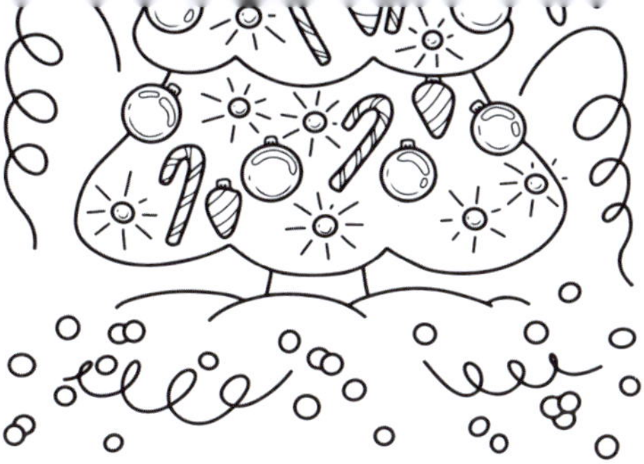

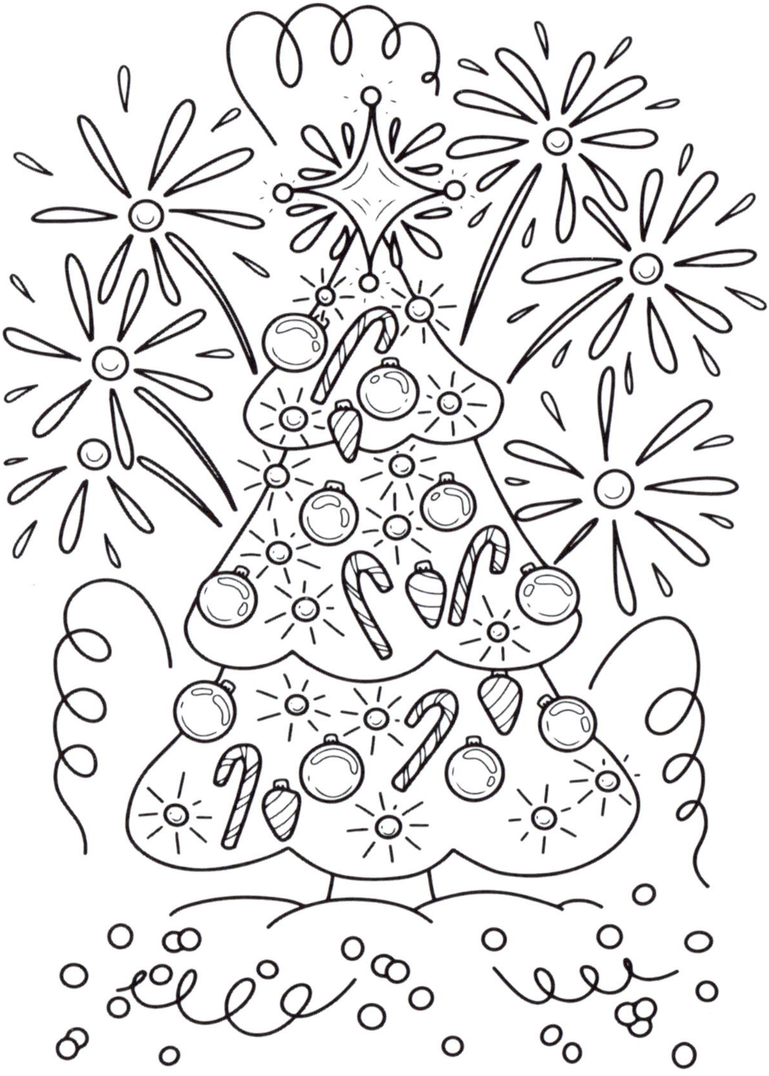

No hace falta correr:
la belleza está en el camino.

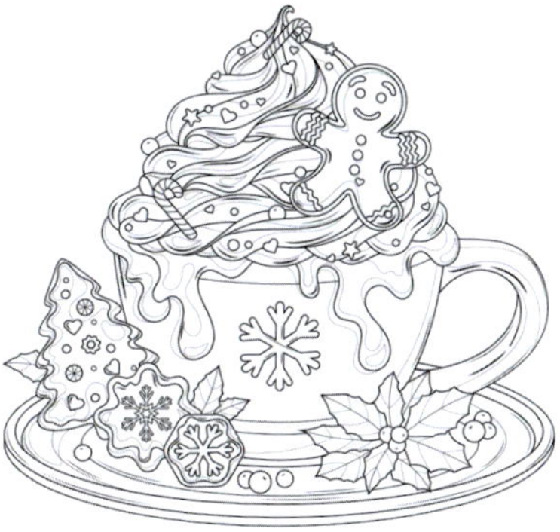

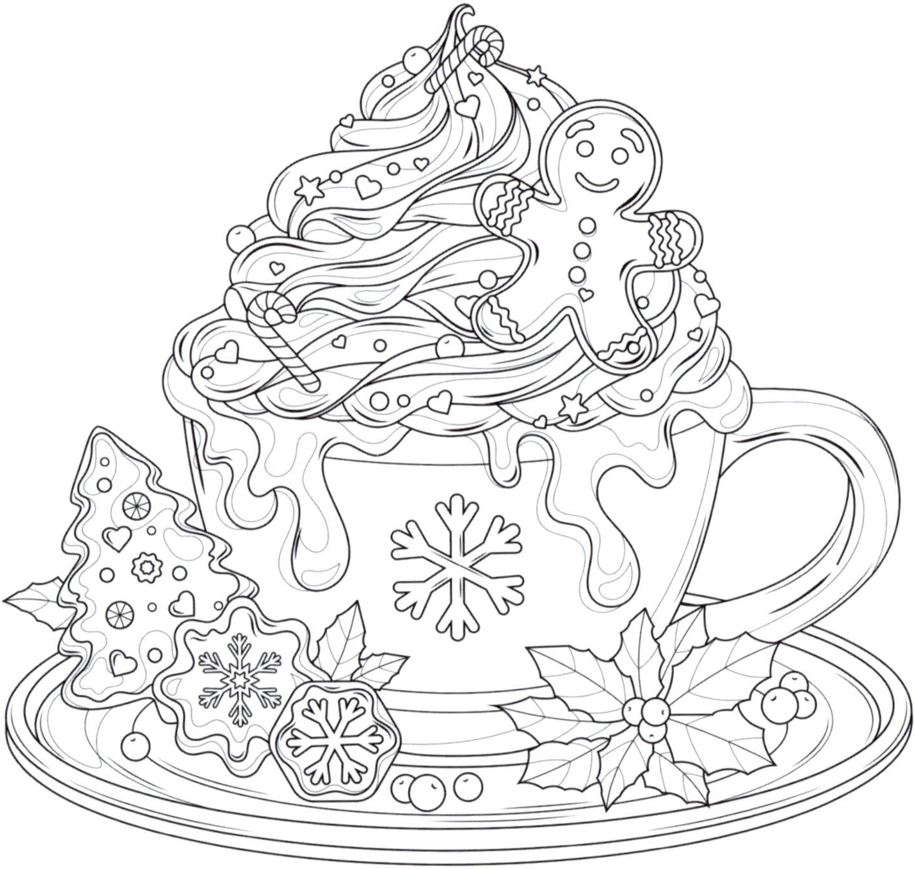

Regálate silencios que
te acerquen a ti.

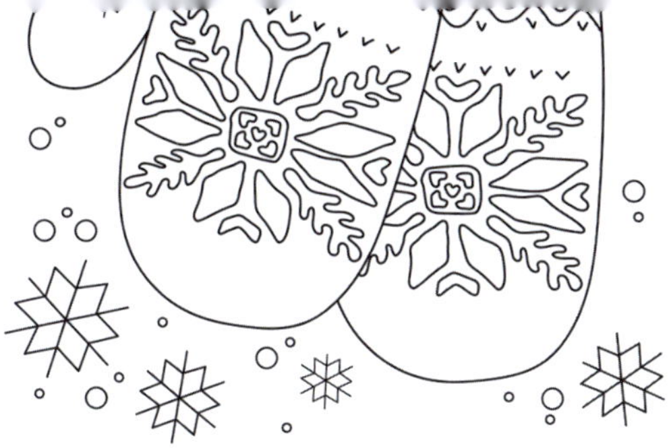

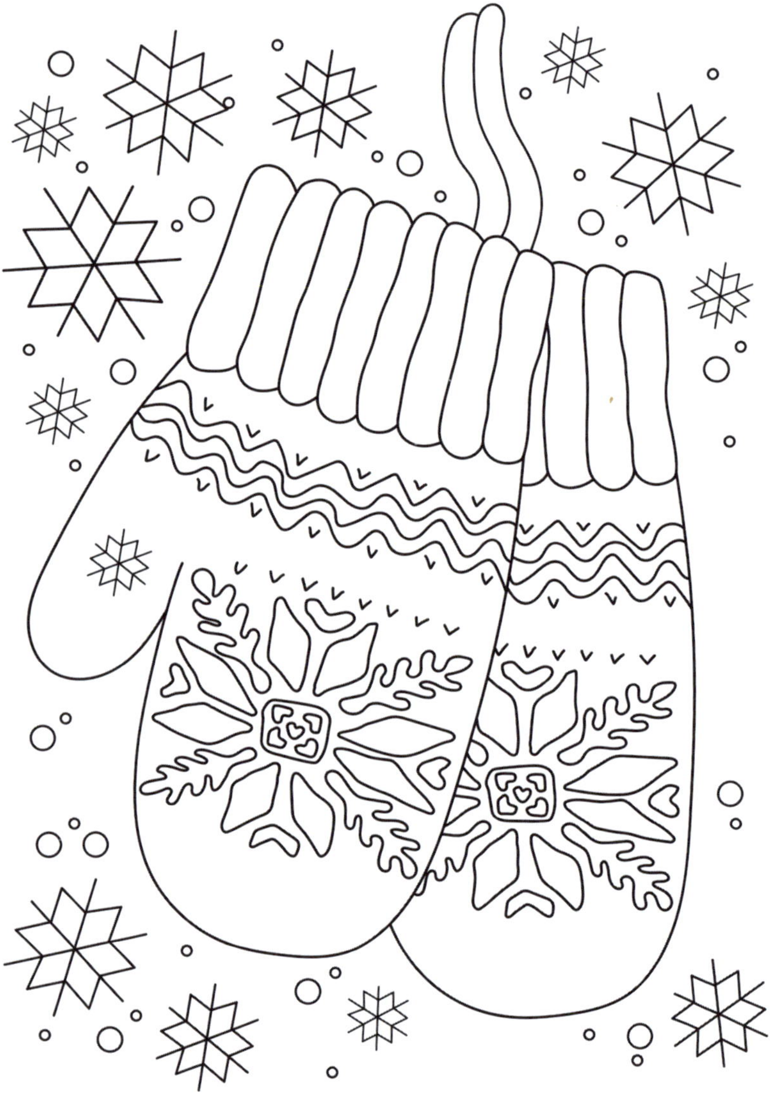

Mereces rodearte de cosas que te hagan bien.

No es egoísmo: es autocuidado.

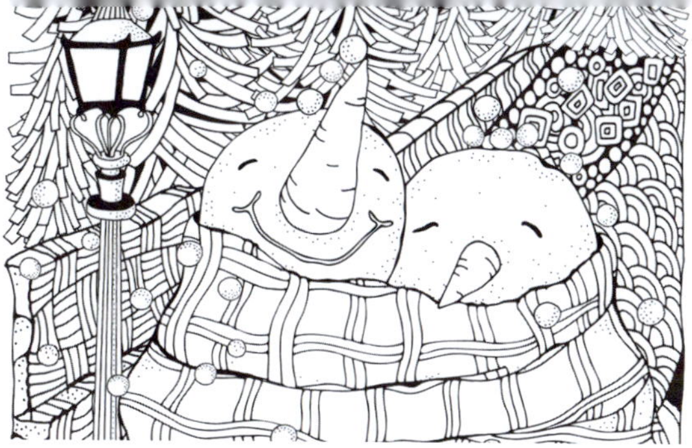

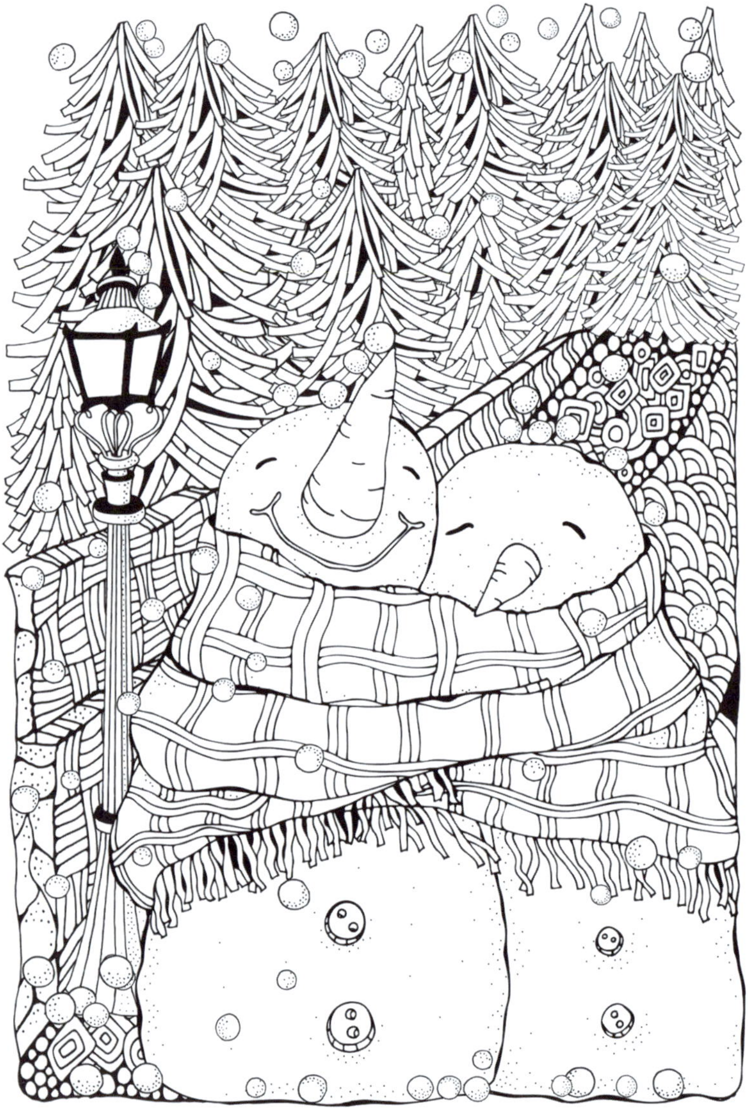

Lo que haces importa, aunque nadie lo vea.

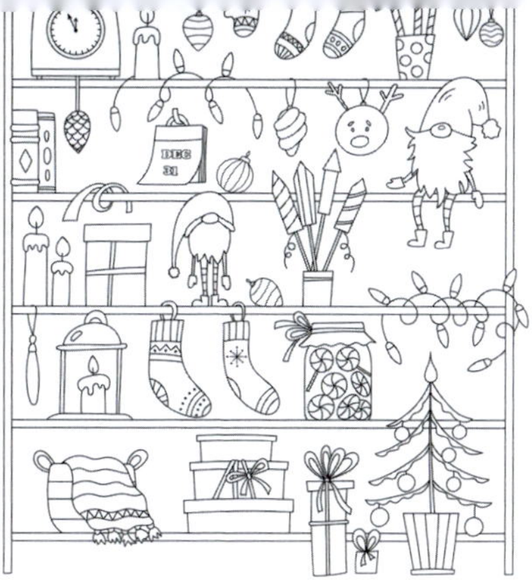
DEC
31

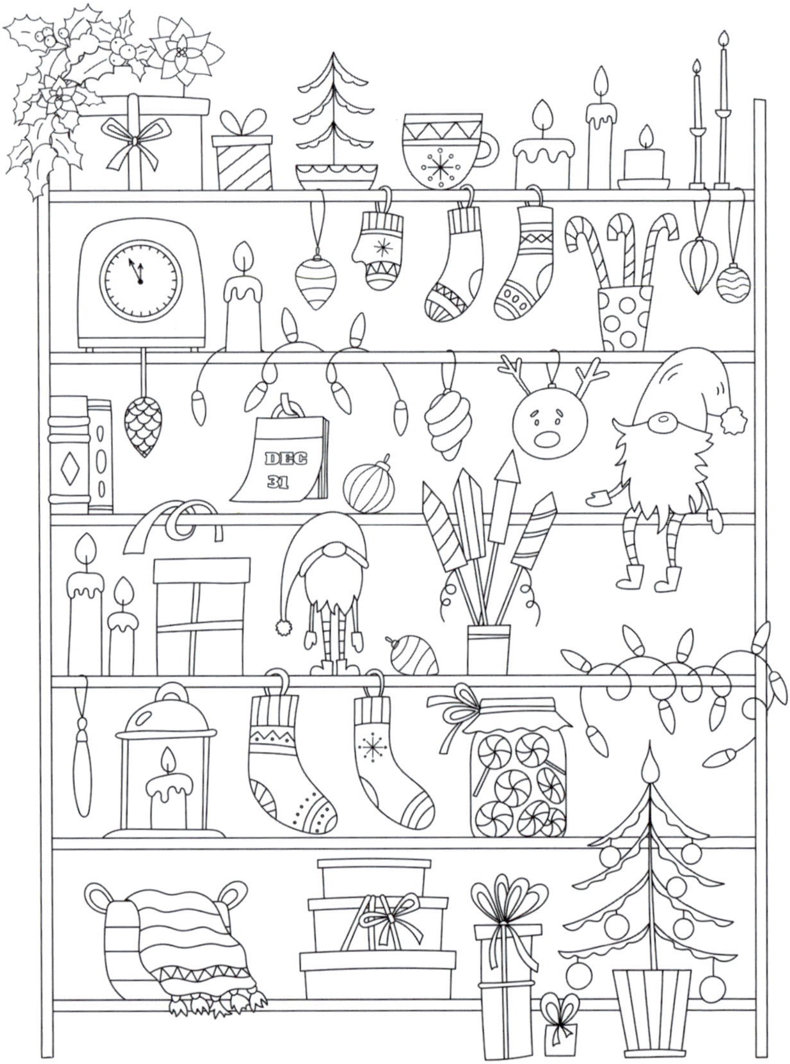

Todo empieza por dentro.

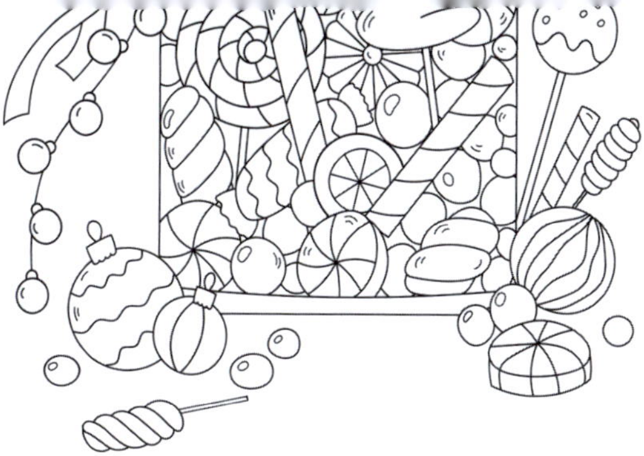

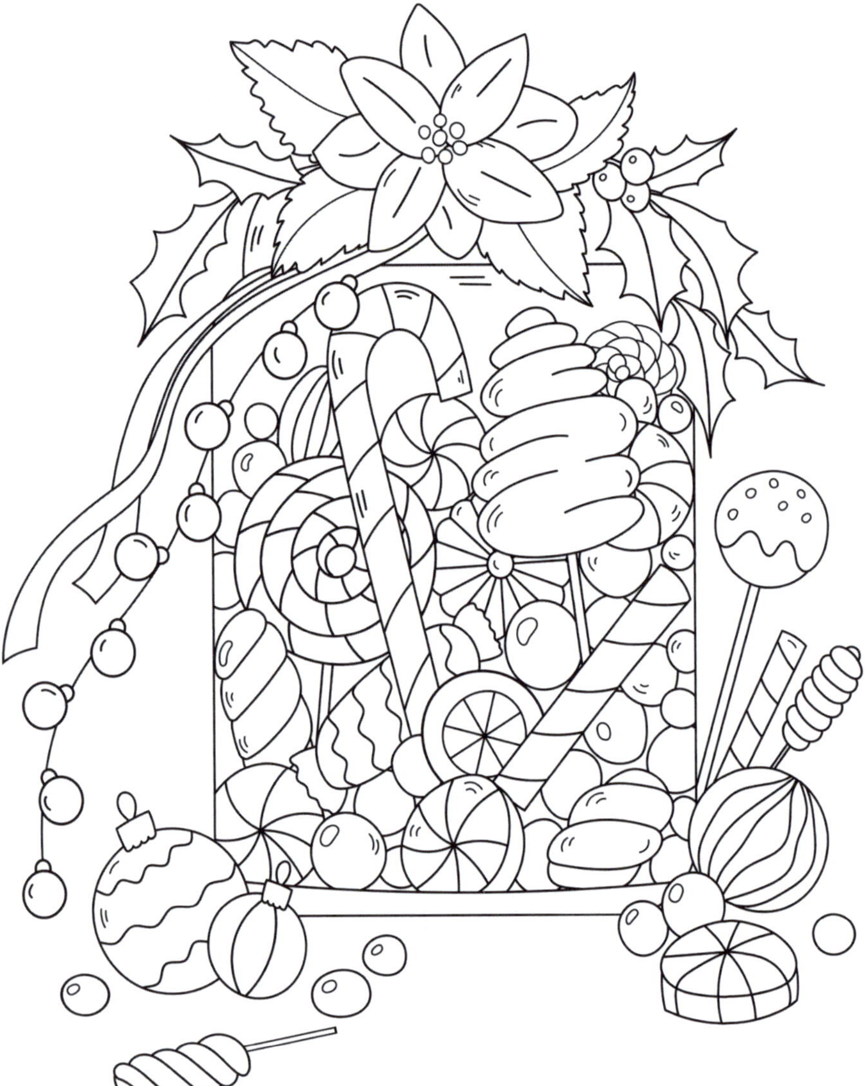

Cada día es una nueva oportunidad de brillar.

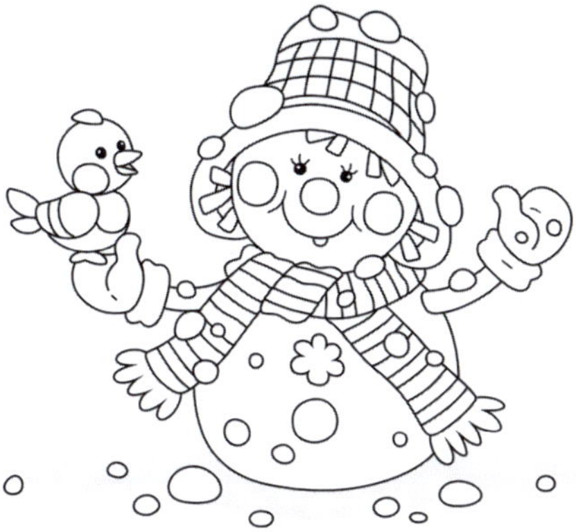

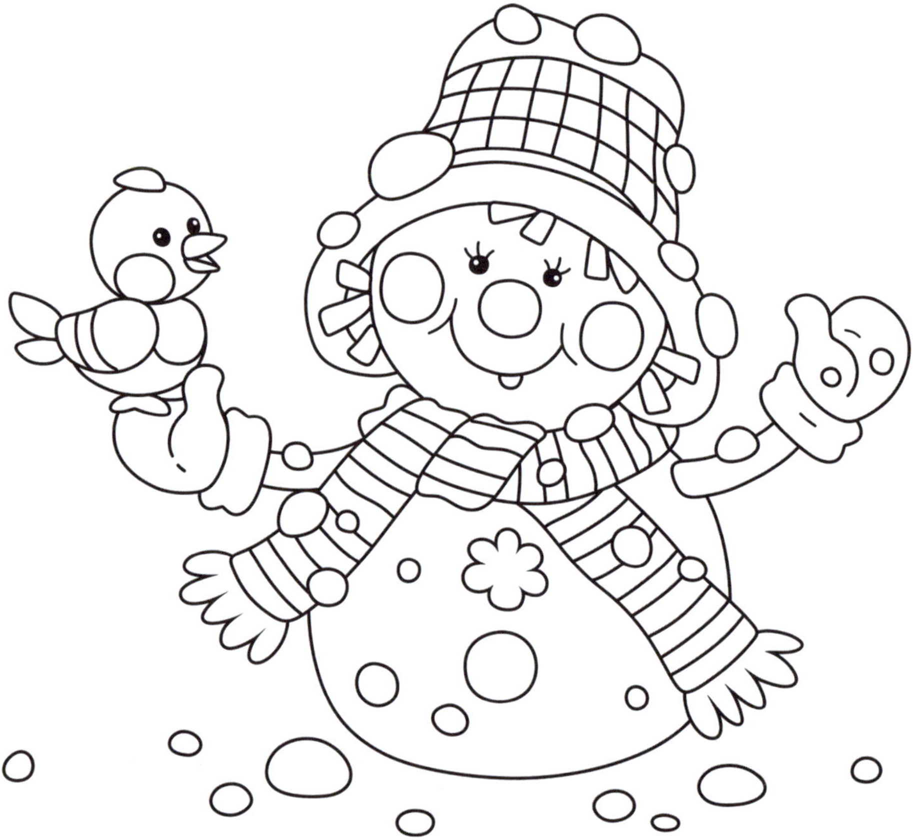

La forma en que cuidas también
es una forma de amar.

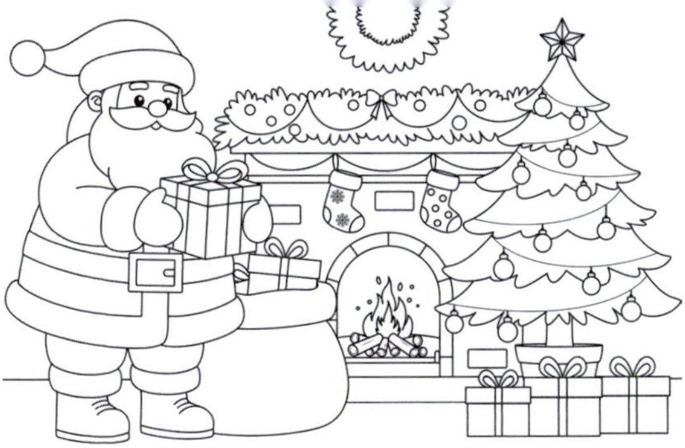

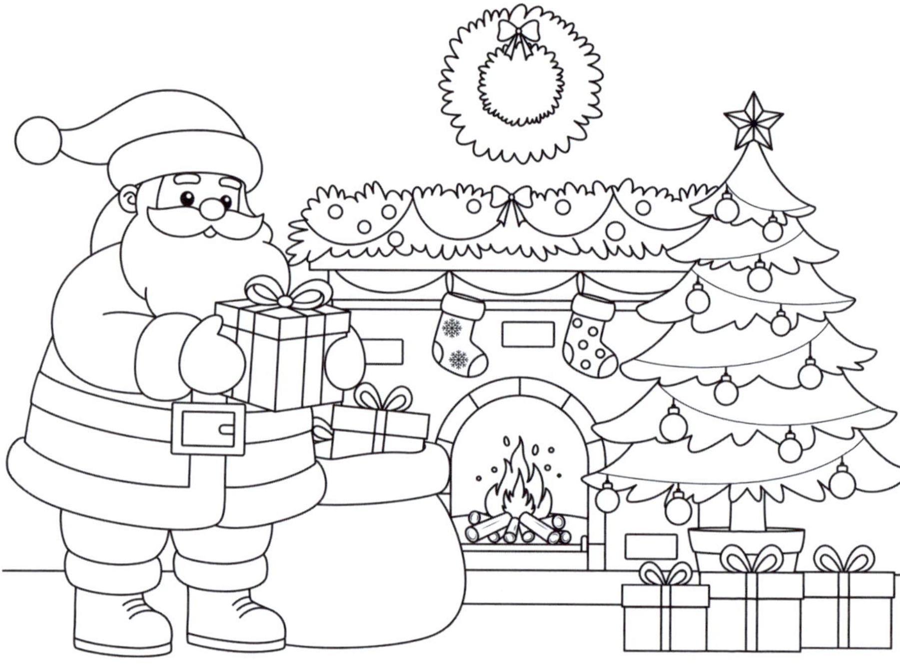

Respira hondo: todo está bien aquí y ahora.

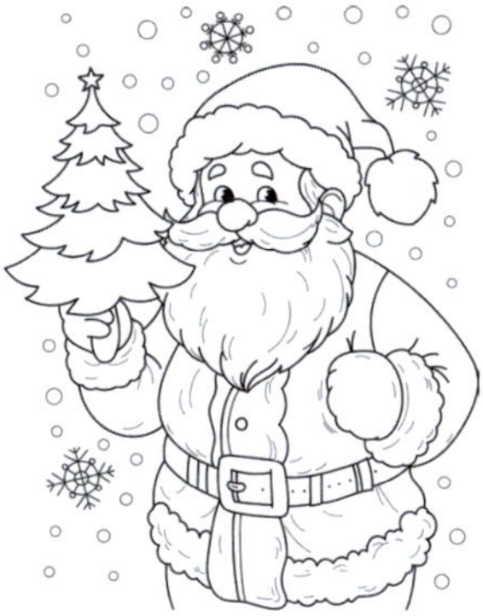

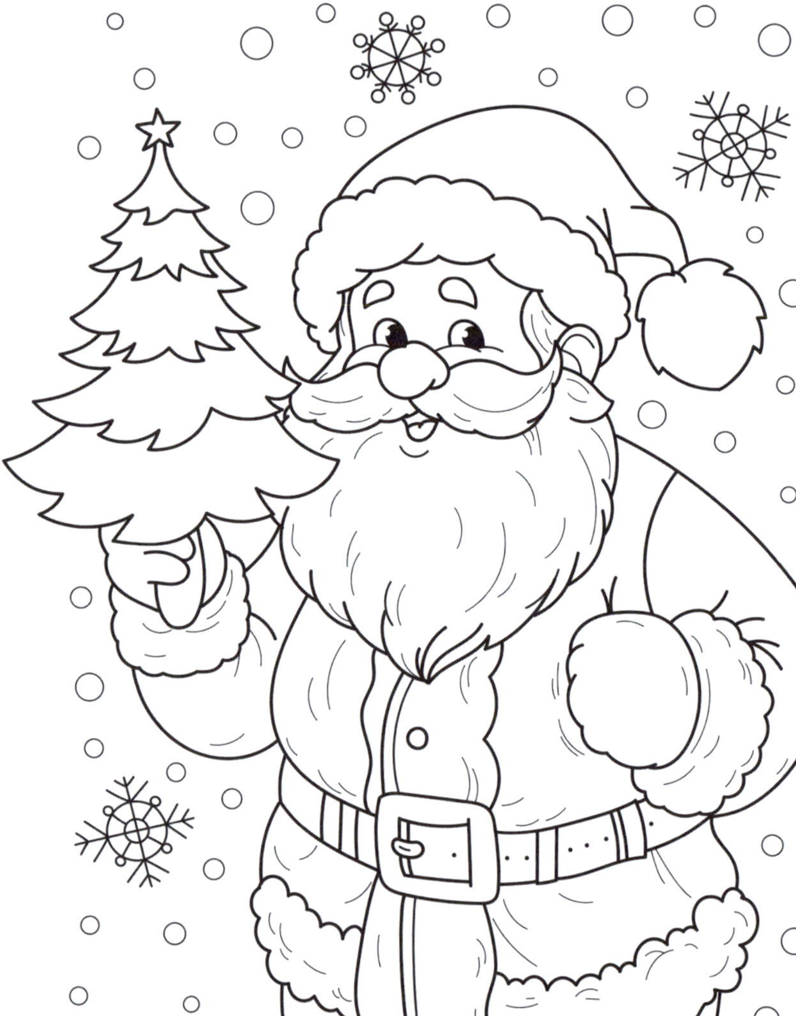

La calma no se encuentra, se crea.

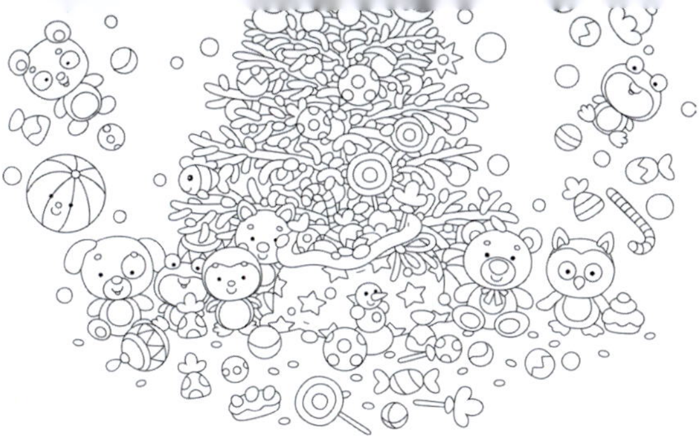

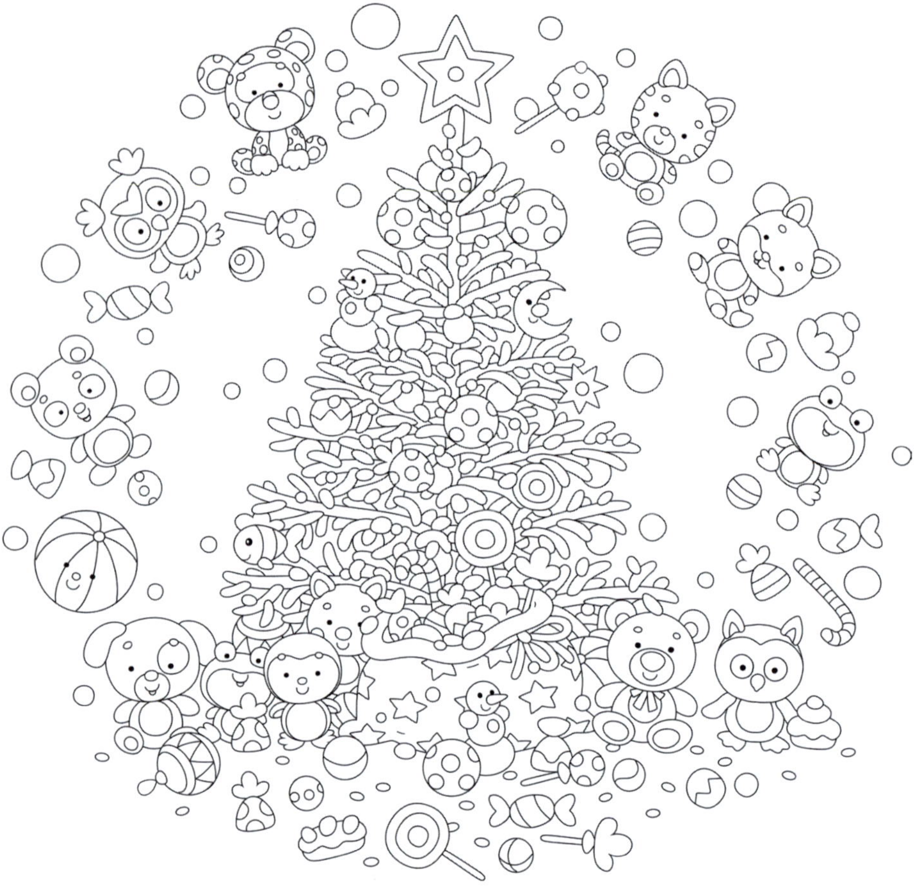

Permítete parar.
El mundo sigue girando igual.